Kompaß-Bücherei · Band 372

Sewastopol 1855. Es ist Krieg. Zwei Brüder treffen aufeinander: Der eine kennt das Gesicht des Krieges, er weiß, was ihn erwartet, wenn er nach dem Lazarett an die Front zurückgeht. Sein jüngerer Bruder hat sich freiwillig gemeldet. Für ihn ist der Krieg ein großes Abenteuer, das aus Männern Helden macht. Doch die Realität ist für beide gleich. Ihr Tod scheint sinnlos wie der Krieg für Tolstoi überhaupt ...

Lew Tolstoi

Sewastopol im August 1855

Zwei Erzählungen

Verlag Neues Leben Berlin

Titel der russischen Originale:
Севастополь в августе 1855
Хозяйн и работник

Übersetzt von Hermann Asemissen

Illustrationen von Gudrun Olthoff

ISBN 3-355-00729-3

Lizenz Nr. 303(305/145/88)
LSV 7703
Umschlag: Gudrun Olthoff
Typografie: Christel Ruppin
Schrift: 9p Timeless
Gesamtherstellung: GG Völkerfreundschaft Dresden
Bestell-Nr. 644 489 7
00180

Sewastopol im August 1855

I

Die Strecke zwischen Duwankoi und Bachtschissarai auf der großen schluchtenreichen Sewastopoler Straße fuhr Ende August durch den dichten heißen Staub langsam ein Offizierswägelchen – eines jener eigentümlichen, sonst nirgendwo anzutreffenden Vehikel, die eine Art Mittelding zwischen einer jüdischen Kalesche, einem russischen Reisewagen und einem Korb darstellen.

Vorn im Wagen hockte ein Offiziersbursche in einem Nankingrock und einer ehemaligen, völlig formlosen Offiziersmütze und zerrte an den Zügeln; hinten, auf den unter einer Pferdedecke verstauten Bündeln und Packen, saß ein Infanterieoffizier im Sommermantel. Der Offizier war, soweit seine sitzende Stellung es erkennen ließ, nicht sehr groß, aber von außerordentlich breiter Statur – nicht sosehr von Schulter zu Schulter als im Durchmesser zwischen Brust und Rücken. Breit und stämmig gebaut, hatte er einen sehr starken, gestrafften Hals und Nacken. Eine sogenannte Taille – die Verengung zwischen Oberkörper und Hüften – fehlte bei ihm, doch war er auch nicht dickbäuchig; im Gegenteil, man konnte ihn eher mager nennen, namentlich im Gesicht, das eine krankhafte, gelblich-braune Färbung aufwies. Sein Gesicht hätte für hübsch gelten können, wenn es nicht aufgedunsen und zugleich schlaff gewesen wäre und wenn nicht für sein Alter zu tiefe und ineinander übergehende Furchen die Züge verschärft und dem Gesicht im ganzen einen unfrischen und derben Ausdruck verliehen hätten. Seine kleinen braunen Augen blickten ungemein lebhaft, ja sogar herausfordernd; sein Schnurrbart war sehr dicht, aber nicht lang und an den Enden abgenagt, während das Kinn und die Backen von einem außergewöhnlich dichten und starken, seit zwei Tagen nicht rasierten schwarzen Bartansatz bedeckt waren. Der Offizier war am zehnten Mai durch einen Granatsplitter am Kopf verwundet worden, und er trug noch einen Verband; aber da er sich seit ungefähr einer Woche wieder völlig gesund fühlte, kehrte er nun, aus dem Simferopoler Lazarett kommend, zu seinem Regiment zurück, das sich irgendwo in der Gegend aufhalten mußte, aus der jetzt Schüsse herüberschallten. Ob es nun in Sewastopol selbst, auf der Nordseite oder in Inkerman stationiert war, darüber hatte ihm bis jetzt niemand eine genaue Auskunft geben können. Die Schüsse waren, besonders wenn der Schall nicht von Bergen aufgehalten oder vom Wind abgetrieben wurde, mitunter schon sehr deutlich und in kurzen Abständen zu hören und schienen aus geringer Entfernung zu kommen. Bald wurde die Luft gleichsam von einer Explosion erschüttert, wobei man unwillkürlich zusammenzuckte, bald ertönten schnell nacheinander weniger starke Laute, die wie Trommelwirbel klangen und ab und zu von einem ungeheuren Getöse unterbrochen wurden, bald ging alles in ein rollendes Geknatter über, ähnlich den Donnerschlägen eines Gewitters, das seinen Höhepunkt erreicht hat und sich gerade in einem Regenguß entlädt. Es wurde allgemein erzählt – und man hörte es auch –, daß ein furchtbares Bombardement im Gange war. Der Offizier trieb den Burschen zur Eile an; es schien ihm darum zu tun zu sein, möglichst schnell sein Ziel zu erreichen. Ihnen entgegen kam ein langer Wagenzug, mit dem russische Bauern Proviant nach Sewastopol gebracht hatten und jetzt, von dort zurückkehrend, Kranke und Verwundete abtransportierten: Soldaten in grauen und Matrosen in schwarzen Mänteln, griechische Freiwillige in rotem Fes und bärtige Landsturmmänner. Das Offizierswägelchen mußte halten, und der Offizier, der das Gesicht verzog und die Augen zusammenkniff, um sich des Staubs zu entwehren, der wie eine dichte, unbewegliche Wolke über der Straße aufstieg, ihm in Augen und Ohren drang und sich auf sein schweißbedecktes Gesicht legte, blickte mit verbissenem Gleichmut auf die Gesichter der an ihm vorüberfahrenden Kranken und Verwundeten.

„Da fährt ja ein Verwundeter von unserer Kompanie“, sagte der Bursche, sich zu seinem Herrn umwendend, und zeigte auf einen mit Verwundeten besetzten Wagen, der gerade an ihnen vorüberfuhr.

Schräg auf dem Bock des Wagens saß, einen Filzhut auf

dem Kopf, ein bärtiger Russe, der den Stiel seiner Peitsche unter den Arm geklemmt hatte und ihre Enden zusammenflocht. Hinter ihm im polternden Wagen befanden sich fünf Soldaten in verschiedenen Stellungen. Einer von ihnen, der einen Arm in der Schlinge einer einfachen Schnur trug und den Mantel über das völlig verschmutzte Hemd geworfen hatte, saß, obwohl er blaß war und elend aussah, in forscher Haltung in der Mitte des Wagens und war, als er den Offizier erblickte, schon im Begriff, an die Mütze zu greifen, als er sich wohl auf seine Verwundung besann und nun so tat, als habe er sich nur den Kopf kratzen wollen. Ein anderer lag neben ihm auf dem bloßen Boden des Wagens; man sah von ihm nur die abgemagerten Hände, mit denen er sich am Wagenrand festhielt, und seine hochgezogenen Knie, die wie zwei Bastwische hin und her schwankten. Ein dritter, mit aufgedunsenem Gesicht und verbundenem Kopf, auf den über den Verband eine Soldatenmütze gestülpt war, saß seitwärts am Wagenrand und ließ die Beine herunterhängen; er hatte die Arme auf die Knie gestützt und schien eingeschlummert zu sein. An diesen wandte sich der reisende Offizier.

„Dolshnikow!" rief er ihn an.

„Hier!" antwortete der Soldat, schlug die Augen auf und zog seine Mütze. Er sprach in so einem tiefen und schmetternden Baß, als hätten zwanzig Soldaten gleichzeitig gerufen.

„Wann bist du denn verwundet worden, mein Lieber?"

Die bleiernen, verschwommenen Augen des Soldaten belebten sich; er hatte offenbar seinen Offizier erkannt.

„Guten Tag, wünsch ich, Euer Wohlgeboren!" rief er in demselben schmetternden Baß.

„Wo hält sich jetzt das Regiment auf?"

„In Sewastopol waren wir; am Mittwoch sollten wir abrükken, Euer Wohlgeboren."

„Wohin?"

„Das hat man nicht gesagt ..., wahrscheinlich nach Norden, Euer Wohlgeboren! Heute, Euer Wohlgeboren", fügte er in langgezogenem Ton hinzu und setzte seine Mütze wieder auf, „da feuert er ganz toll und meist mit Bomben, sogar bis in die Bucht fliegen sie; heute haut er so furchtbar herein, daß sogar ...“

Was der Soldat weiter sagte, war nicht mehr zu verstehen; aber aus seinem Gesichtsausdruck und seinen Gebärden ließ sich schließen, daß er, ein geprüfter Mensch, mit einer gewissen Verbitterung nicht eben tröstliche Dinge sagte.

Der Offizier im Reisewagen, Leutnant Koselzow, war kein Durchschnittsoffizier. Er gehörte nicht zu denen, die dieses tun und jenes lassen, weil andere es ebenso machen, sondern er tat alles nach eigenem Gutdünken, und andere richteten sich in ihren Handlungen nach ihm und waren überzeugt, damit das Rechte zu tun. Von Natur aus mit Verstand und allen möglichen Gaben ausgestattet, sang er gut, spielte Gitarre, war redegewandt und verstand es, sich schriftlich auszudrücken – namentlich wenn es sich um amtliche Schriftstücke handelte, in deren Abfassung er während seines Dienstes als Regimentsadjutant eine große Fertigkeit erworben hatte. Am bemerkenswertesten indessen war sein von Ehrgeiz eingegebenes Geltungsbedürfnis, das zwar in der Hauptsache auf den genannten Fähigkeiten beruhte, darüber hinaus jedoch ein selbständiger, ungemein scharf ausgeprägter Charakterzug bei ihm war. Sein Geltungsbedürfnis, wie man es in dieser Art am häufigsten bei Männern und vornehmlich in Militärkreisen antrifft, war so hochgradig mit seinem ganzen Sein verquickt, daß es für ihn keine andere Wahl gab, als entweder den ersten Platz einzunehmen oder mit dem Leben abzuschließen, und daß sein Ehrgeiz sogar seine innere Gedankenwelt beherrschte: er verglich sich im stillen gern mit anderen, um seine Überlegenheit über sie festzustellen.

„Das fehlte noch, daß ich etwas darauf geben sollte, was Moskau schwatzt!“ brummte der Leutnant, der einen auf dem Herzen lastenden Druck und eine gewisse Verschwommenheit seiner Gedanken verspürte, hervorgerufen durch den Anblick des Verwundetentransports und die Worte des Soldaten, deren Bedeutung und Berechtigung durch das Dröhnen des Bombardements unterstrichen wurde. „Lächerlich ist dieses Moskau! – Los, Nikolajew, treibe die Pferde an! Schlafe nicht!“ rief er in etwas nörgelndem Ton dem Burschen zu und zog die Schöße seines Mantels zurecht.

Nikolajew straffte die Zügel, schnalzte mit der Zunge, und

das Wägelchen rollte im Trab weiter.

„Nur zum Füttern werden wir ein paar Minuten halten, dann fahren wir sofort weiter, noch heute“, sagte der Offizier.

II

Als Leutnant Koselzow mit seinem Wagen bereits in die von den Steinruinen der Tartarenhäuser eingesäumte Straße Duwankois einbog, wurde er von einem Transport, der Bomben und Munition nach Sewastopol schaffte, und der sich in der Straße staute, erneut aufgehalten. Sein Wagen mußte warten.

Zwei Infanteriesoldaten saßen mitten im Staub am Wege auf den Steinen einer eingestürzten Mauer und aßen eine Wassermelone mit Brot dazu.

„Wohin geht's, Landsmann?“ wandte sich einer von ihnen, an einem Stück Brot kauend, an einen Soldaten, der mit einem kleinen Sack auf dem Rücken vor ihnen stehengeblieben war.

„Zur Kompanie geht's“, antwortete der Soldat, den Blick von der Wassermelone abwendend, und rückte den Sack auf seinem Rücken zurecht. „An die drei Wochen wohl sind wir im Gouvernement bei der Kompaniefourage gewesen, aber jetzt, seht ihr, hat man uns alle angefordert. Dabei wissen wir nicht mal, wo jetzt das Regiment steht. Es heißt ja, daß unsere Leute vorige Woche in Korabelnaja einmarschiert sind. Habt ihr etwas davon gehört, Herrschaften?“

„In der Stadt steht es, Bruder, in der Stadt“, sagte der zweite Infanterist, ein alter Trainsoldat, während er mit seinem Klappmesser genießerisch in der unreifen, weißlichen Wassermelone herumbohrte. „Wir sind erst um die Mittagszeit von dort losgezogen. Dort ist eine solche Hölle, sag ich dir, Bruder, daß du besser erst mal wegbleibst; wirf dich hier irgendwo ins Heu und bleibe einen oder zwei Tage liegen, das wird besser sein.“

„Was ist denn dort los, Herrschaften?“

„Hörst du denn nicht, wie er heute von allen Seiten reinhaut? Kein Stein liegt mehr auf dem anderen. Wie viele da von unseren Brüdern umgekommen sind, ist gar nicht zu sagen!"

Und der Sprechende machte eine resignierte Handbewegung und rückte seine Mütze zurecht.

Der hinzugekommene Soldat schüttelte nachdenklich den Kopf, schmatzte ein paarmal mit der Zunge, holte dann aus dem Stiefelschaft seine Pfeife hervor, lockerte in ihr, ohne sie neu zu stopfen, den angebrannten Tabak und setzte sein Endchen Zunder an der Pfeife des anderen Soldaten in Brand.

„Alles liegt in Gottes Hand, Herrschaften! Entschuldigt schon", sagte er, seine Mütze ziehend, worauf er den Sack auf seinem Rücken zurechtrückte und seines Weges ging.

„Na, na, du solltest lieber abwarten!" rief ihm der mit seiner Wassermelone beschäftigte Soldat gedehnt und in eindringlichem Ton nach.

„Es kommt doch, wie es soll", murmelte der Soldat mit dem Sack, während er sich zwischen den Rädern der sich stauenden Fuhren hindurchschlängelte. „Zum Abendessen werde ich mir wohl auch eine Melone kaufen. Allerhand, was die Leute da erzählen!"

III

Als Koselzow am Stationsgebäude vorfuhr, war es brechend voll von Menschen. Der erste, auf den sein Blick schon am Eingang fiel, war der Vorsteher, ein hagerer, noch sehr junger Mensch, der sich mit zwei ihm nachfolgenden Offizieren in einem heftigen Wortwechsel befand.

„Nicht nur drei Tage, auch zehn Tage werden Sie vielleicht warten! Selbst Generäle warten, bester Herr!" sagte der Vorsteher, der den Durchreisenden offenbar einen Stich versetzen wollte. „Ich selbst werde mich doch nicht vor Ihren Wagen spannen."

„Wenn keine Pferde da sind, hat niemand welche zu bekommen! Aber wie sind denn vorhin die Pferde für den Diener mit dem vielen Gepäck beschafft worden?" schrie der ältere der beiden Offiziere, der mit einem Glas Tee in der Hand dastand und den Vorsteher offensichtlich mit Absicht nicht direkt anredete, um zu verstehen zu geben, daß er auch zum Du übergehen könnte.

„Bedenken Sie doch selbst, Herr Vorsteher“, mischte sich zaghaft der andere, noch sehr jugendliche Offizier ein, „daß wir nicht zu unserem Vergnügen weiter müssen. Wir werden doch auch gebraucht, wenn man uns angefordert hat. Sonst müßte ich es wirklich Herrn General Kramper melden. Das ist doch keine Art, den Offiziersstand so zu mißachten ...“

„Sie verderben immer alles!“ unterbrach ihn der ältere Offizier gereizt. „Sie stören mich nur; man muß wissen, wie man mit diesen Leuten zu reden hat. So verliert er alle Achtung vor uns ... Auf der Stelle werden Pferde beschafft, sage ich!“

„Herzlich gern, bester Herr, aber woher soll ich sie nehmen?“ Der Vorsteher schwieg eine Weile, geriet dann unvermittelt in Erregung und fuhr, mit den Händen fuchtelnd, fort: „Ich verstehe und weiß selbst alles, bester Herr, aber was kann ich machen? Lassen Sie mich nur ...“, auf den Gesichtern der Offiziere zeigte sich ein Hoffnungsschimmer, „... lassen Sie mich hier nur noch das Ende des Monats überleben – und ich bin hier nicht mehr zu sehen! Lieber will ich auf den Malachow-Hügel gehen als länger hierbleiben. Bei Gott! Dann soll man hier machen, was man will, bei solchen Anordnungen. Auf der ganzen Station gibt es jetzt nicht einen einzigen festen Wagen, und die Pferde haben schon seit drei Tagen keine Handvoll Heu zu sehen bekommen.“

Nach diesen Worten verschwand der Vorsteher hinter der Eingangstür.

Koselzow begab sich zusammen mit den anderen beiden Offizieren ins Stationsgebäude.

„Nun“, sagte der ältere Offizier, der sich eben noch so ereifert hatte, jetzt in ganz ruhigem Ton zu dem jüngeren, „wenn wir schon drei Monate unterwegs sind, können wir auch noch etwas warten. Es ist kein Unglück, wir werden noch früh genug hinkommen!“

Das vollgerauchte, schmutzige Zimmer war so mit Offizieren und Koffern überfüllt, daß Koselzow nur mit Mühe ein

Plätzchen auf dem Fensterbrett fand; er setzte sich, und während er sich eine Zigarette drehte, musterte er die Gesichter der Anwesenden und hörte zu, was sie sprachen. Rechts von der Tür, an einem schiefen, schmierigen Tisch, auf dem zwei stellenweise mit Grünspan bedeckte Kupfersamoware standen und in verschiedenen Tüten Zucker herumlag, saß die Hauptgruppe, in der ein junger bartloser Offizier in einer neuen, offenbar aus einem Frauenmorgenrock angefertigten Steppjacke gerade die Teekanne auffüllte. Vier ebenso junge Offiziere hielten sich in verschiedenen Ecken des Zimmers auf; einer lag auf einem Diwan, hatte sich irgendein pelzartiges Kleidungsstück unter den Kopf geschoben und schlief; ein anderer stand am Tisch und war dabei, einem dort sitzenden armamputierten Offizier den Hammelbraten in Stücke zu schneiden. Zwei Offiziere, der eine in Adjutantenuniform und der andere in einem gewöhnlichen, aber aus feinem Tuch gefertigten Infanteriemantel und mit einer Tasche über der Schulter, saßen auf der Ofenbank; und allein schon daraus, wie sie auf die anderen blickten und wie der mit der Tasche seine Zigarre rauchte, ließ sich schließen, daß es nicht Offiziere der Frontinfanterie waren und daß sie Genugtuung darüber empfanden. Nicht etwa daß ihr Verhalten Geringschätzung ausgedrückt hätte; aber eine gewisse selbstgefällige Ruhe – die sich gewöhnlich teils auf Reichtum, teils auf nahe Beziehungen zu Generälen stützt –, das Bewußtsein ihrer Überlegenheit war so unverkennbar, daß sie es sogar zu verbergen trachteten. Ferner waren ein junger Arzt mit auffallend dicken Lippen und ein Artillerist mit deutschem Gesichtsschnitt anwesend, die auf dem Sofa fast auf den Beinen des dort schlafenden jungen Offiziers saßen und Geld zählten. Ein paar Offiziersburschen schlummerten, ein paar andere machten sich an der Tür mit Koffern und Bündeln zu schaffen. Koselzow entdeckte unter den Anwesenden kein einziges bekanntes Gesicht, hörte jedoch interessiert ihren Gesprächen zu. Die beiden jungen Offiziere, die, wie er schon an ihrem Äußeren erkannte, direkt aus der Kadettenanstalt kamen, gefielen ihm und erinnerten ihn vor allem daran, daß auch sein Bruder in diesen Tagen aus der Kadettenanstalt auf einer der Sewastopoler Batterien eintreffen mußte. An dem Offizier mit der Tasche dagegen, den er schon irgendwo gesehen zu haben glaubte, fand er alles abstoßend und herausfordernd. Mit der Absicht, ihm eine gehörige Abfuhr zu erteilen, falls er sich etwas herausnehmen sollte, verließ er sogar seinen Platz am Fenster, ging zur Ofenbank hinüber und setzte sich dorthin. Koselzow, einem echten und tüchtigen Frontoffizier, waren Stabsoffiziere, als die er die beiden auf den ersten Blick erkannt hatte, allgemein nicht nur unsympathisch, sondern geradezu verhaßt.

IV

„Es ist doch furchtbar ärgerlich, daß man so nahe am Ziel ist und hier jetzt festsitzt", sagte einer der jungen Offiziere. „Vielleicht kommt es heute zu Kämpfen, und wir sind dann nicht dabei."

In dem unsicheren Ton seiner Stimme und den rosigen Flecken, die beim Sprechen auf dem jugendfrischen Gesicht des Offiziers erschienen waren, äußerte sich jene reizende jugendliche Befangenheit eines Menschen, der ständig bangt, für seine Gedanken nicht die richtigen Worte gewählt zu haben.

Der armamputierte Offizier sah ihn lächelnd an.

„Sie werden noch früh genug hinkommen, glauben Sie es mir", sagte er.

Der junge Offizier blickte ehrerbietig in das eingefallene Gesicht des Einarmigen, das unversehens durch sein Lächeln erhellt worden war, sagte nichts mehr und wandte sich wieder seinem Tee zu. In der Tat, im Gesicht des einarmigen Offiziers, in seiner Haltung und vornehmlich in dem leeren Ärmel drückte sich viel von jenem gelassenen Gleichmut aus, der sich so deuten läßt, als wollte er bei jeder Handlung und jedem Gespräch sagen: Das ist alles sehr schön, das weiß ich alles, und ich kann alles vollbringen, wenn ich will.

„Was wollen wir nun beschließen?" wandte sich der junge Offizier wieder an seinen Kameraden in der Steppjacke. „Sollen wir hier übernachten oder mit unserem eigenen Pferd weiterfahren?"

Der Kamerad lehnte die Weiterfahrt ab.

„Stellen Sie sich vor, Herr Hauptmann", fuhr der den Tee ausschenkende Offizier, zu dem Einarmigen gewandt, fort und hob dabei das Messer auf, das dieser fallen gelassen hatte, „stellen Sie sich vor, man hat uns gesagt, daß Pferde in Sewastopol ungeheuer teuer seien, und da haben wir uns gemeinsam eins in Simferopol gekauft."

„Da wird man Sie wohl tüchtig gerupft haben, denke ich mir."

„Ich weiß nicht, was ich sagen soll, Herr Hauptmann, wir haben zusammen mit dem Fuhrwerk neunzig Rubel bezahlt. Ist das sehr teuer?" fügte er hinzu, sich jetzt an alle und auch an Koselzow wendend, der zu ihm herüberblickte.

„Nicht zu teuer, falls es ein junges Pferd ist", sagte Koselzow.

„Nicht wahr? Und uns sagte man, es sei teuer ... Es lahmt allerdings etwas, aber das soll vergehen, wurde uns versichert. Sonst ist es sehr kräftig."

„Aus welcher Kadettenanstalt kommen Sie?" fragte Koselzow, dem daran lag, etwas über seinen Bruder zu erfahren.

„Wir kommen jetzt vom Adelsregiment, im ganzen sechs Mann; wir sind alle auf eigenen Wunsch nach Sewastopol abkommandiert worden", erzählte der redselige junge Offizier, „nur wissen wir noch gar nicht, wo unsere Batterien stehen: die einen sagen, in Sewastopol, aber hier hörten wir nun, daß sie in Odessa sein sollen."

„Ließ sich das denn nicht in Simferopol feststellen?" fragte Koselzow.

„Man wußte es nicht ... Stellen Sie sich nur vor, einer der Kameraden wollte sich dort in einer Kanzlei erkundigen – er hat nur Grobheiten zu hören bekommen. Stellen Sie sich vor, wie unangenehm das ist ... Darf ich Ihnen eine fertige Zigarette anbieten?" wandte er sich an den einarmigen Offizier, der sich anschickte, sein Zigarrenetui hervorzuholen. Er bemühte sich mit geradezu überschwenglichem Eifer, ihm zu dienen.

„Waren Sie auch in Sewastopol?" sagte er dann und wandte sich wieder zu Koselzow um. „Ach, mein Gott, wie bewunderungswürdig das alles ist! Wie oft haben wir in Petersburg an Sie, an alle die Helden gedacht!" fügte er in ehrerbietigem, treuherzig-freundlichem Ton hinzu.

„Nun werden Sie womöglich noch zurückfahren müssen?“ meinte der Leutnant.

„Das ist es eben, was wir befürchten. Stellen Sie sich vor, nachdem wir das Pferd gekauft und uns mit allem Nötigen eingedeckt haben – einer Spiritus-Kaffeemaschine und noch verschiedenen unentbehrlichen Kleinigkeiten –, ist uns gar kein Geld mehr geblieben“, sagte er leise mit einem Seitenblick auf seinen Kameraden. „Wenn wir wirklich zurückfahren müssen, dann wissen wir gar nicht, was werden soll.“

„Haben Sie denn keine Reisegelder bekommen?“ fragte Koselzow.

„Nein“, antwortete er flüsternd, „man hat uns nur versprochen, daß wir das Geld hier bekämen.“

„Hat man Ihnen denn eine Bescheinigung gegeben?“

„Ich weiß, daß eine Bescheinigung die Hauptsache ist; aber ein Senator in Moskau, ein Onkel von mir, sagte mir, als ich zu ihm kam, man werde das Geld hier ohne weiteres auszahlen, sonst hätte er es mir gegeben. Ob man es nun wohl auch so auszahlen wird?“

„Zweifellos wird man es auszahlen.“

„Ich glaube auch“, sagte er in einem Ton, aus dem man heraushörte, daß er jetzt, nachdem er auf dreißig Stationen dieselbe Frage gestellt und jedesmal eine andere Antwort erhalten hatte, niemandem mehr recht glauben wollte.

V

„Wie könnte man denn die Auszahlung verweigern?“ mischte sich plötzlich jener Offizier ein, der vor der Tür die Auseinandersetzung mit dem Vorsteher gehabt hatte und nun auf die diskutierenden Offiziere zutrat, wobei er sich auch an die etwas abseits sitzenden Stabsoffiziere als besonders maßgebende Zuhörer wandte. „Ich habe mich ja ebenso wie diese Herren hier für die aktive Armee und sogar direkt nach Sewastopol gemeldet, obwohl ich einen sehr gesunden Posten hatte; aber außer hundertsechsunddreißig Rubel in Silber für das Fahrgeld ab P. habe ich nichts bekommen und schon über hundertfünfzig Rubel aus meiner eigenen Tasche zulegen müssen. Man bedenke nur: Achthundert Werst habe ich zurückgelegt und bin schon den dritten Monat unterwegs. Mit diesen Herren hier reise ich seit über einem Monat zusammen. Nur gut, daß ich eigenes Geld hatte. Aber wenn ich nun keins gehabt hätte?“

„Sind Sie wirklich schon den dritten Monat unterwegs?“ fragte einer der Anwesenden.

„Ja, was meinen Sie denn, was ich hätte machen sollen?“ fuhr der Offizier fort. „Wenn es nicht mein Wunsch gewesen wäre, an die Front zu kommen, hätte ich nicht meinen guten Posten aufgegeben; mir lag also nichts daran, die Reise zu meinem Vergnügen oder gar aus Furcht vor der Front in die Länge zu ziehen, aber es gab einfach keine Möglichkeit weiterzukommen. In Perekop zum Beispiel habe ich zwei Wochen festgesessen; der Stationsvorsteher ließ sich überhaupt auf nichts ein: ‚Sehen Sie zu, wie Sie weiterkommen – allein an Reisescheinen für Kuriere habe ich noch diesen Stapel liegen!‘ Das Schicksal muß es wohl so wollen ... Ich habe ja den besten Willen, aber es ist eben Schicksalsfügung; ich warte hier ja nicht, weil jetzt ein Bombardement im Gange ist – aber ob man sich nun beeilt oder nicht, es ändert nichts an der Sache. Ich würde ja gern ...“

Dieser Offizier war so darauf bedacht, die Gründe seines langsamen Weiterkommens zu erklären und sich zu rechtfertigen, daß man unwillkürlich auf den Gedanken kam, er sei von Furcht ergriffen. Bestärkt wurde man hierin noch, als er sich nach dem Standort seines Regiments erkundigte und dabei fragte, ob dort heiß gekämpft werde. Er wurde sogar blaß, und es benahm ihm den Atem, als der armamputierte Offizier, der zum selben Regiment gehörte, antwortete, daß allein bei ihnen in den letzten beiden Tagen siebzehn Offiziere gefallen seien.

Und wirklich war dieser Offizier im gegenwärtigen Augenblick ausgesprochen feige, obwohl er es sechs Monate zuvor keineswegs gewesen war. In ihm hatte sich ein Umschwung vollzogen, wie ihn vor ihm und nach ihm auch viele andere erlebt haben. Er war in einem unserer Gouvernements zu Hause, in dem sich Kadettenanstalten befinden, und hatte dort einen guten, geruhsamen Posten bekleidet; doch als er in Zeitungen und Privatbriefen von den Taten der Sewastopoler Helden, seiner früheren Kameraden, gelesen hatte, war in ihm plötzlich der Ehrgeiz und, mehr noch, eine patriotische Begeisterung entflammt.

Dieser Aufwallung hatte er außerordentlich viel geopfert: seine gute Stellung, in die er sich eingelebt hatte, eine nette kleine Wohnung mit Polstermöbeln, die durch achtjährige Arbeit erworben waren, seine Bekanntschaften und Aussichten auf eine gute Partie – alles dies hatte er aufgegeben und sich in der Hoffnung auf unvergänglichen Ruhm und Generalsepauletten schon im Februar zur aktiven Armee gemeldet. Zwei Monate nach Einreichung seines Gesuches war von der Militärverwaltung eine Anfrage gekommen, ob er eine Unterstützung seitens der Regierung beanspruche. Er hatte verneinend geantwortet und weiter geduldig auf seine Einberufung gewartet, obwohl seine patriotische Begeisterung im Laufe dieser beiden Monate erheblich abgeflaut war. Nach abermals zwei Monaten wurde bei ihm wegen einer etwaigen Zugehörigkeit zu einer Freimaurerloge und ähnlichen Formsachen angefragt, und nachdem er wiederum verneinend geantwortet hatte, war nach fast fünf Monaten endlich seine Einstellung erfolgt. Im Laufe dieser Zeit hatten seine Freunde und vor allem jene heimliche Unzufriedenheit mit dem Neuen, die sich bei jeder Änderung der Lebensverhältnisse einzustellen pflegt, in ihm die Überzeugung gefestigt, daß er mit seiner Meldung zur aktiven Armee eine ungeheure Dummheit begangen habe. Und als er dann, sich selbst überlassen, auf der fünften Station mit Sodbrennen und staubbedecktem Gesicht zwölf Stunden lang auf Pferde warten mußte und dort einem aus Sewastopol kommenden Kurier begegnete, der ihm von den Schrecken des Krieges erzählte, da bereute er vollends seine leichtfertige Handlungsweise, dachte mit dunklem Grauen an das, was ihm bevorstand, und fuhr apathisch weiter wie zu einer Hinrichtung. Während seiner dreimonatigen Fahrt von einer Station zur anderen, wobei er fast auf jeder warten mußte, und aus Sewastopol kommende Offiziere traf, die schauerliche Dinge erzählten, hatte sich dieser Gemütszustand bei dem bedauernswerten Offizier so weit verschärft, daß der zu den verwegensten Taten bereite Held, der zu sein er in P. geglaubt hatte, in Duwankoi als erbärmlicher Hasenfuß ankam.

Seitdem er sich vor einem Monat mit den aus der Kadettenanstalt kommenden jungen Offizieren zusammengeschlossen hatte, war er darauf bedacht, die Reise möglichst langsam fortzusetzen, weil er glaubte, daß diese Tage die letzten seines Lebens seien. Er schlug auf jeder Station sein Feldbett auf, packte den Koffer aus, arrangierte eine Partie Préférence, betrachtete das Beschwerdebuch als Mittel zum Zeitvertreib und freute sich, wenn ihm keine Pferde gegeben wurden.

Er hätte wirklich ein Held werden können, wenn er aus P. unverzüglich auf die Bastionen gekommen wäre; nun jedoch mußte er noch viele seelische Qualen erdulden, um es zu jener bei Arbeit und Gefahr stets gleichbleibenden Ruhe und Geduld zu bringen, die wir an den russischen Offizieren gewöhnt sind. Seine Begeisterung neu zu beleben wird allerdings schwerlich möglich sein.

VI

„Wer hat den Borstsch bestellt?" rief die Wirtin, eine dicke, nicht sonderlich sauber aussehende Frau von etwa vierzig Jahren, die mit einer Terrine voll Kohlsuppe ins Zimmer kam.

Die Unterhaltung brach sogleich ab, und alle Anwesenden richteten die Augen auf die Gastwirtin. Der aus P. kommende Offizier zwinkerte sogar, auf die Frau deutend, einem der jungen Offiziere zu.

„Ach ja, den hat Koselzow bestellt, wir müssen ihn wekken", sagte ein junger Offizier. „Steh auf, das Essen ist da!" rief er und trat an den auf dem Diwan schlafenden Kameraden heran und rüttelte ihn an der Schulter.

Dieser, ein Jüngling von etwa siebzehn Jahren mit fröhlich dreinblickenden Augen und über und über roten Wangen, sprang elastisch auf und blieb, sich die Augen reibend, in der Mitte des Zimmers stehen.

„Ach, entschuldigen Sie, bitte", wandte er sich mit silberheller Stimme an den Arzt, den er beim Aufstehen angestoßen hatte.

Leutnant Koselzow erkannte sofort seinen Bruder und trat auf ihn zu.

„Erkennst du mich nicht?“ fragte er lächelnd.

„Aaach! Das ist ja wundervoll!“ rief der jüngere Bruder und umarmte den älteren.

Sie wechselten dreimal Küsse, zauderten jedoch beim drittenmal, als wäre ihnen beiden der Gedanke gekommen: Warum muß es unbedingt dreimal sein?

„Ich freue mich!“ sagte der Ältere und betrachtete den Bruder. „Komm, wir plaudern draußen ein wenig.“

„Ja, gehen wir, gehen wir! – Den Borstsch mag ich nicht, iß du ihn, Federson“, rief er einem Kameraden zu.

„Aber du hattest doch Hunger?“

„Nein, ich mag nicht.“

Als sie auf dem Vorplatz waren, drang der Jüngere immer wieder in den Bruder: „Wie ist es dir denn ergangen, erzähle doch!“ und versicherte dauernd, wie sehr er sich über das Wiedersehen freue, ohne indessen etwas von sich selbst zu berichten.

Nachdem fünf Minuten vergangen waren und sie eine Weile geschwiegen hatten, fragte der Ältere den Bruder, warum er nicht bei der Garde eingetreten sei, wie man das doch zu Hause allgemein erwartet habe.

„Ach ja, diese Sache!“ antwortete der Jüngere und wurde allein schon bei der Erinnerung rot. „Das hat mich furchtbar niedergeschlagen, und ich hätte nie erwartet, daß es so kommen würde. Stelle dir nur vor, unmittelbar vor der Entlassung hatten wir uns, drei Mann, zum Rauchen zurückgezogen – weißt du, in das kleine Zimmer hinter der Portierloge, wie man es gewiß auch zu deiner Zeit gemacht hat –, na ja, das hat der Wächter gesehen, und da ist dieser Halunke – so oft hat er von uns Trinkgelder eingesteckt! – zum diensthabenden Offizier gelaufen und hat es ihm gemeldet, worauf sich dieser heranschlich. Als wir ihn bemerkten, warfen die beiden anderen die Zigaretten weg, und machten sich durch die Seitentür aus dem Staube, ich aber kam nicht mehr dazu; er zog über mich her, ich blieb ihm natürlich die Antwort nicht schuldig, er meldete es dem Inspektor, und der Skandal war groß. Dafür nun bekam ich eine schlechtere Zensur im Betragen, und obwohl ich sonst in allen Fächern die besten Zensuren hatte, nur in Mechanik eine Zwölf, wurde ich der Linienarmee zugeteilt. Hernach versprachen sie, mich in die Garde zu versetzen, aber da wollte ich selbst nicht mehr und bat um Abkommandierung an die Front."

„Soso!"

„Wirklich, ich sage es in vollem Ernst, mir war das Ganze so zuwider geworden, daß ich nur noch den Wunsch hatte, so schnell wie möglich nach Sewastopol zu kommen. Übrigens, wenn alles gut geht, hat man dabei sogar bessere Aussichten als bei der Garde: dort wird man in zehn Jahren Oberst, während Totleben es hier in anderthalb Jahren vom Oberstleutnant zum General gebracht hat. Nun, und wenn ich fallen sollte, dann ist auch das nicht zu ändern!"

„Sieh mal an!" sagte lächelnd der Bruder.

„Und vor allem, Bruder, muß ich dir sagen", fuhr der Jüngere fort und wurde dabei so rot, als schickte er sich an, etwas sehr Beschämendes einzugestehen, „das alles hat nichts zu sagen. Ich habe mich vor allem deshalb zur Front gemeldet, weil es immerhin das Gewissen bedrückt, in Petersburg zu leben, während hier Menschen für das Vaterland sterben. Und außerdem lag mir daran, mit dir zusammen zu sein", fügte er hinzu und errötete noch mehr.

„Du bist ja komisch", sagte der ältere Bruder, ohne ihn anzusehen, und griff nach seinem Zigarettenetui. „Nur schade, daß wir gar nicht zusammen sein werden."

„Nun sage mir aber aufrichtig: Ist es sehr schlimm auf den Bastionen?" fragte da unvermittelt der Jüngere.

„Zuerst kommt es einem schlimm vor, doch dann gewöhnt man sich daran und empfindet es nicht mehr so. Du wirst ja selbst sehen."

„Was ich noch fragen wollte: Meinst du, daß sie Sewastopol nehmen werden? Ich glaube, wir werden es um keinen Preis hergeben."

„Das mag Gott wissen."

„Eins ist nur ärgerlich ... Stell dir bloß vor, man hat uns unterwegs ein ganzes Bündel gestohlen, in dem sich auch mein Tschako befand, so daß ich jetzt in einer entsetzlichen Lage bin und gar nicht weiß, wie ich zur Meldung antreten soll. Du weißt doch, wir haben jetzt neue Tschakos, und überhaupt gibt es eine Menge Änderungen – alles ist besser geworden. Ich kann dir das alles erzählen – Ich bin in Moskau überall herumgekommen ...“

Wladimir, der jüngere Koselzow, sah seinem Bruder Michail sehr ähnlich, freilich nur insoweit, wie eine sich eben entfaltende Rosenknospe einer verblühten Heckenrose gleicht. Sein Haar, blond wie das des Bruders, war dichter und wellte sich an den Schläfen. Auf seinem zarten weißen Nacken wuchs ein kleiner blonder Haarschopf – ein Glückszeichen, wie die Kinderfrauen zu sagen pflegen. Sein zartes, gewöhnlich blasses Gesicht flammte mitunter in einem vollblütigen jugendlichen Rot auf und verriet dann alle Regungen seiner Seele. Die Augen glichen denen des Bruders, blickten aber offener und heller, was besonders deshalb so schien, weil sie häufig feucht glänzten. Ein blonder Flaum trat eben erst auf den Wangen und über den roten Lippen hervor, die sehr oft von einem verlegenen Lächeln umspielt wurden, das die blendendweißen Zähne sichtbar werden ließ. Schlank, breitschultrig, in aufgeknöpftem Mantel, unter dem sein rotes Russenhemd hervorlugte, mit einer Zigarette in der Hand – wie er so, auf das Treppengeländer gestützt, mit naiver Freude in Gesicht und Haltung vor dem Bruder stand, stellte er einen so bestrickend reizenden Jungen dar, daß man ihn immerzu ansehen mochte. Er freute sich unsagbar über das Wiedersehen mit dem Bruder, der ihm Achtung und Stolz einflößte, und als ein Held erschien; doch in mancher Hinsicht, was den gesellschaftlichen Schliff betraf – die Beherrschung der französischen Sprache, die Fähigkeit, sich in guter Gesellschaft zu bewegen, zu tanzen und dergleichen mehr – da schämte er sich ein wenig für ihn, da blickte er auf ihn herab, und er hoffte sogar, wenn sich die Möglichkeit dazu bieten sollte, erzieherisch auf ihn einzuwirken, obwohl er im Grunde genommen auf diesem Gebiet selbst nicht allzugut beschlagen war. Seine ganze Erfahrung hierin stammte noch aus Petersburg, aus dem Hause einer Dame, die hübsche Kinder gut leiden mochte und ihn zu den Feiertagen bei sich aufgenommen hatte, und aus dem Hause eines Senators in Moskau, bei dem er einmal zu einem großen Ball eingeladen gewesen war.

VII

Nachdem sich die Brüder erschöpfend ausgesprochen hatten und beide schließlich zu der sich in solchen Fällen häufig einstellenden Empfindung gekommen waren, daß man trotz aller gegenseitiger Liebe wenig Gemeinsames habe, verharrten sie eine ganze Weile in Schweigen.

„Nimm also deine Sachen, wir wollen gleich weiterfahren", sagte endlich der Ältere.

Der Jüngere errötete jählings und wurde verlegen. „Direkt nach Sewastopol?" fragte er nach kurzem Zögern.

„Nun ja, du hast ja nicht viel Gepäck; ich werde es wohl unterbringen können."

„Ausgezeichnet! Dann können wir gleich fahren", sagte der Jüngere und ging mit einem Seufzer auf das Zimmer zu.

Doch bevor er die Tür öffnete, blieb er im Flur stehen, ließ den Kopf hängen und dachte: Auf der Stelle nach Sewastopol, in diese Hölle – das ist ja furchtbar! Nun, gleichviel, einmal muß es ja doch sein. Jetzt habe ich wenigstens meinen Bruder bei mir ...

Die Sache war die, daß er erst jetzt, als er daran dachte, daß er den Wagen, den er besteigen sollte, nicht vor der Ankunft in Sewastopol verlassen sollte, und daß ihn kein Zufall mehr aufhalten könne, sich mit voller Klarheit die Gefahr vorstellte, die er gesucht hatte – und er geriet in Verwirrung und schauerte schon bei dem Gedanken an ihre Nähe zusammen. Nachdem er sich einigermaßen gefaßt hatte, begab er sich ins Zimmer. Doch nun verging eine Viertelstunde, ohne daß er zum Bruder zurückgekehrt wäre, so daß dieser schließlich die Tür öffnete, um ihn zu rufen. Der junge Koselzow stand in der Haltung eines bei einem Streich ertappten Schuljungen vor dem Offizier aus P., mit dem er über irgend etwas sprach. Als der Bruder die Tür öffnete, kam er ganz aus der Fassung.

„Sofort, ich komme sofort!" rief er mit einer abwehrenden Handbewegung dem Bruder zu. „Warte bitte draußen auf mich."

Nach Verlauf einer Minute kam er auch wirklich heraus und ging mit einem tiefen Seufzer auf den Bruder zu.

„Stell dir vor, Bruder, ich kann nicht mit dir fahren",

sagte er.

„Wie? Welch ein Unsinn!“

„Ich will dir die ganze Wahrheit sagen, Mischa! Von uns hatte niemand mehr Geld, und wir haben allesamt Schulden bei dem Stabshauptmann, der aus P. kommt. Es ist furchtbar peinlich.“

Der ältere Bruder runzelte die Stirn und brach lange das eingetretene Schweigen nicht.

„Schuldest du ihm viel?“ fragte er mit einem finsteren Blick auf den Bruder.

„Viel ..., nein, nicht sehr viel; aber es ist doch furchtbar unangenehm. Er hat auf drei Stationen für mich bezahlt, und von seinem Zucker haben wir auch immer genommen, so daß ich nicht weiß ..., ja, wir haben auch Préférence gespielt ..., da bin ich ihm etwas schuldig geblieben.“

„Das ist nicht schön, Wolodja! Was würdest du nun gemacht haben, wenn du mich nicht getroffen hättest?“ sagte in strengem Ton, ohne den Bruder anzusehen, der Ältere.

„Ja, Bruder, ich hatte vor, alles zu bezahlen, sobald ich in Sewastopol die Reisegelder bekommen würde. Das läßt sich doch machen, und ich werde deshalb lieber morgen mit ihm zusammen weiterfahren.“

Der ältere Bruder zog seinen Geldbeutel hervor und entnahm ihm mit ein wenig zitternden Fingern zwei Zehnrubel- und einen Dreirubelschein.

„Das ist meine ganze Barschaft“, sagte er. „Wieviel schuldest du ihm also?“

Mit der Angabe, daß dies seine ganze Barschaft sei, hielt sich Koselzow nicht ganz an die Wahrheit; er besaß außerdem noch vier Goldstücke, die für alle Fälle im Mantelaufschlag eingenäht waren und die er, wie er sich geschworen hatte, unter keinen Umständen angreifen wollte.

Es stellte sich heraus, daß der jüngere Koselzow dem Offizier aus P. einschließlich der Spielschulden und des Zuckers alles in allem nur acht Rubel schuldete. Der ältere Bruder gab ihm das Geld und fügte nur die Bemerkung hinzu, daß es nicht angehe, auch noch Karten zu spielen, wenn man kein Geld hat.

„Woraufhin hast du denn gespielt?“

Der Jüngere erwiderte kein Wort. Aus der Frage des Bruders glaubte er einen Zweifel an seiner Ehrlichkeit herauszuhören. Der Ärger über sich selbst, die Scham wegen seiner Handlungsweise, die ein solches Mißtrauen hervorrufen konnte, und die Kränkung durch den Bruder, den er so liebte, übten auf sein empfindsames Gemüt einen so tiefen, schmerzlichen Eindruck aus, daß er nichts antwortete, weil er fühlte, daß er nicht fähig sein würde, ein Aufschluchzen zu unterdrücken, wenn er etwas gesagt hätte. Er nahm, ohne hinzusehen, das Geld und ging zu seinen Kameraden.

VIII

Nikolajew, gestärkt durch zwei Viertelchen Schnaps, die er in Duwankoi bei einem Soldaten erstanden hatte, der dort auf der Brücke Schnaps verkaufte, zog die Zügel an, und das Wägelchen fuhr holpernd über den steinigen, nur stellenweise schattigen Weg, der am Belbek entlang nach Sewastopol führte. Die beiden Brüder, die in einem fort mit den Beinen aneinanderstießen, schwiegen beharrlich, obwohl sie sich in Gedanken unablässig einer mit dem anderen beschäftigten.

Warum hat er mich gekränkt? fragte sich der Jüngere. Mußte er das alles sagen? Es schien ja beinah, als hielte er mich für einen Dieb; und auch jetzt scheint er noch böse zu sein, so daß es mit unserer Eintracht ein für allemal aus ist. Und wie schön hätte sich in Sewastopol alles gestalten können! Zwei Brüder, die einander gut sind, kämpfen beide gegen den Feind; der eine ist schon ein alter, zwar nicht sehr gebildeter, aber tapferer Krieger, während der andere noch jung ist, aber auch seinen Mann steht. In einer Woche werde ich es schon allen bewiesen haben, daß ich kein grüner Junge mehr bin! Ich werde auch nicht mehr erröten, mein Gesicht wird Männlichkeit ausdrücken, und auch mein Schnurrbart wird bis dahin, wenn auch nicht sehr dicht, so doch ganz ansehnlich werden, dachte er und zupfte an dem Flaum, der an seinen Mundwinkeln hervorsproß. Vielleicht kommen wir noch heute an und müssen beide gleich an einem Kampf teilnehmen. Der Bruder muß wohl sehr hartnäkkig und tapfer sein – ein Mann, der nicht viel spricht, aber alles besser macht als die anderen. Ich möchte bloß wissen, überlegte er, ob er mich absichtlich so an den Wagenrand drückt oder ob er es gar nicht merkt. Sicherlich sieht er, wie unbequem ich sitze, und tut nur so, als merke er es nicht. Wenn wir heute ankommen, setzte er seinen Gedanken fort, während er sich eng an den Wagenrand schmiegte und ängstlich bemüht war, jede Bewegung zu vermeiden, die dem Bruder seine unbequeme Lage verraten könnte, dann ist es gut möglich, daß wir sofort auf die Bastion müssen: Ich mit der Artillerie, der Bruder mit seiner Kompanie – so rücken wir gemeinsam aus. Doch plötzlich kommen uns Franzosen entgegengestürmt. Ich lasse schießen, immerzu schießen und mache eine Unmenge Feinde nieder; aber sie rennen immer wieder direkt gegen mich an. Zu schießen ist nicht mehr möglich, alles ist aus – ich bin verloren. Aber da stürzt plötzlich der Bruder mit geschwungenem Säbel vor, ich greife nach einem Gewehr, und wir stürmen zusammen mit den Soldaten vorwärts. Die Franzosen fallen über den Bruder her. Ich laufe hinzu, töte einen Franzosen, noch einen und rette den Bruder. Eine Kugel trifft mich in den Arm, ich nehme das Gewehr in die andere Hand und laufe trotz der Verwundung weiter. Doch nun wird der Bruder getroffen und sinkt neben mir tot zu Boden. Ich bleibe einen Augenblick stehen, blicke mit gebrochenem Herzen auf ihn herab, richte mich dann auf und rufe: Mir nach, wir müssen ihn rächen! Ich habe meinen Bruder über alles in der Welt geliebt, werde ich sagen, und habe ihn verloren. Wir wollen Rache nehmen, wollen die Feinde vernichten oder alle hier sterben! – Alle brechen in laute Rufe aus und stürmen hinter mir her. Jetzt rückt, von Pélissier selber angeführt, die ganze französische Streitmacht vor. Wir machen sie alle nieder; doch zu guter Letzt werde ich ein zweites, ein drittes Mal verwundet und sinke zu Tode getroffen zusammen. Nun kommen alle auf mich zu gelaufen; auch Gortschakow kommt und fragt, ob ich irgendeinen Wunsch habe. Ich antworte, daß ich nichts weiter wünsche, als neben meinen Bruder gelegt zu werden, um an seiner Seite zu sterben. Man trägt mich weg und legt mich neben den blutüberströmten Leichnam des Bruders. Ich richte mich auf und sage nur: Ihr habt zwei Männer, die das Vaterland wahrhaft liebten, nicht zu würdigen gewußt; jetzt sind beide gefallen … Gott verzeihe euch! sage ich und sterbe.

Wer weiß, inwieweit diese Traumgespinste einmal Wirklichkeit werden konnten!

„Hast du eigentlich schon mal an einem Nahkampf teilgenommen?“ fragte der junge Koselzow unvermittelt seinen Bruder; daß er nicht mit ihm sprechen wollte, hatte er völlig vergessen.

„Nein, kein einziges Mal“, antwortete der Ältere. „Unser Regiment hat zweitausend Mann verloren, aber ausnahmslos bei den Befestigungsarbeiten; ich selbst bin auch bei den Befestigungsarbeiten verwundet worden. Der Krieg spielt sich ganz anders ab, als du es dir vorstellst, Wolodja.“

Der Kosename Wolodja rührte den Jüngeren; er wollte sich mit dem Bruder aussprechen, der sich gar nicht bewußt war, ihn gekränkt zu haben.

„Bist du mir böse, Mischa?“ fragte er nach kurzem Zögern.

„Weswegen?“

„Nun, so. Wegen der Sache von vorhin. Ich meinte nur …“

„Keine Spur“, antwortete der Ältere und klopfte ihm, sich zu ihm umdrehend, aufs Knie.

„Entschuldige, Mischa, wenn ich dir Verdruß gemacht habe“, sagte der jüngere Bruder und wandte sich ab, um die Tränen zu verbergen, die ihm unversehens in die Augen getreten waren.

IX

„Ist das wirklich schon Sewastopol?“ fragte der jüngere Bruder, als sie einen Berg hinaufgefahren waren und sich vor ihnen eine weite Aussicht auf die Bucht mit den vielen Schiffsmasten eröffnete, auf das Meer mit der sich in der Ferne abzeichnenden feindlichen Flotte, die weißen Küstenbatterien, Kasernen, Aquädukte, Docks und Gebäude der Stadt und auf die weißen, lilaschimmernden Rauchwolken, die unaufhörlich über den gelben, die Stadt umgebenden Bergen emporstiegen und über den blauen Himmel hinzogen, beschienen von den rosaleuchtenden Strahlen der Sonne, die sich funkelnd in dem dunklen Meer spiegelte und sich bereits dem Horizont zuneigte.

Der Anblick dieser Gegend, die in seinen Gedanken einen so weiten Raum eingenommen hatte, erfüllte Wolodja keineswegs mit Schauder; im Gegenteil, er blickte mit ästhetischem Genuß und heldenmütiger Genugtuung darüber, daß nun auch er in einer halben Stunde dort sein würde, auf dieses in der Tat eigenartig prächtige Panorama, und wandte seine gespannte Aufmerksamkeit erst davon ab, als sie die Nordseite und den Train des Regiments seines Bruders erreichten, wo sie eine zuverlässige Auskunft über den Standort des Regiments und der Batterie bekommen mußten.

Der Offizier, dem der Train unterstand, hauste neben dem sogenannten „Neuen Städtchen" – von Matrosenfamilien errichteten Bretterbaracken – in einem Zelt, das mit einem verhältnismäßig großen Schuppen verbunden war, dessen Wände und Dach aus einem Geflecht von grünen, noch nicht ganz verdorrten Eichenzweigen bestand.

Als die Brüder eintraten, saß der Offizier ohne Rock in einem schmutzig-gelben Hemd an einem zusammenklappbaren Tisch, auf dem ein Glas kalter Tee mit Zigarettenasche auf der Untertasse sowie ein Tablett mit Schnaps und Resten von trockenem Kaviar und Brot standen, und war damit beschäftigt, mit Hilfe eines Rechenbretts einen riesigen Stapel von Geldscheinen zu zählen. Doch bevor wir uns mit der Person des Offiziers und dem, was er zu sagen hatte, befassen, müssen wir uns etwas eingehender das Innere des Schuppens ansehen und wenigstens oberflächlich seine Lebensweise und Beschäftigung kennenlernen. Der funkelnagelneue Schuppen war so groß, so solide hergerichtet und behaglich mit kleinen Tischen und Bänken aus Rohrgeflecht und Rastenstücken ausgestattet, wie es gewöhnlich nur bei Generälen oder Regimentskommandeuren der Fall ist; die Seitenwände und die Decke waren zum Schutz gegen abfallende Blätter mit drei Teppichen versehen, die zwar scheußlich aussahen, aber neu und sicherlich teuer waren. Über das Metallbett, das unter dem größten Teppich stand, auf dem eine Amazone dargestellt war, war eine grellrote Plüschdecke gebreitet, und darauf lagen ein schmutziges, zerrissenes Lederkissen und ein Waschbärpelz. Auf dem Tisch sah man einen Spiegel mit silbernem Rahmen, eine silberne, unglaublich schmutzige Bürste, einen lückenhaften, mit fettigem Haar verfilzten Hornkamm, einen silbernen Leuchter, eine Flasche Likör mit einem riesigen in Gold und Rot gehaltenen Etikett, eine goldene Taschenuhr mit dem Bildnis Peters I., zwei goldene Ringe, eine Schachtel mit irgendwelchen Kapseln, eine Brotrinde und verstreut hingeworfene alte Karten; unter dem Bett standen teils volle, teils leere Porterflaschen. Dieser Offizier verwaltete den Train des Regiments und die Fourage der Pferde. Mit ihm zusammen wohnte sein guter Freund, ein Kommissionär, der sich auch sonst noch mit allen möglichen Geschäften abgab. Beim Eintritt der Brüder schlief er im Zelt, während der Trainoffizier dabei war, die monatliche Abrechnung des Staatsgelder vorzunehmen. Äußerlich machte der Trainoffizier eine sehr gute und kriegerische Figur: groß von Wuchs, mit mächtigem Schnurrbart und vornehmer Kompaktheit. Unangenehm wirkten an ihm nur das schweißfeuchte und aufgedunsene Gesicht, in dem seine kleinen grauen Augen fast gänzlich verschwanden: (er schien bis oben hinauf mit Porter angefüllt zu sein), sowie die außergewöhnliche Unsauberkeit – angefangen von dem dünnen, fetten Haar bis hinab zu den Hermelinpantoffeln, in denen seine großen nackten Füße steckten.

„So ein Batzen Geld, so ein Batzen!“ sagte der ältere Koselzow, als er den Schuppen betrat und unwillkürlich einen begehrlichen Blick auf den Stapel Banknoten richtete. „Wenn Sie mir wenigstens die Hälfte davon pumpen wollen, Wassili Michailytsch!“

Als der Trainoffizier den Gast bemerkte, erschrak er heftig wie ein ertappter Dieb, raffte das Geld zusammen und verbeugte sich, ohne sich von seinem Platz zu erheben.

„Ach ja, wenn es mein eigenes wäre ..., Staatsgelder sind es, guter Freund! Aber wen bringen Sie denn da mit?“ fragte er, während er die Scheine in eine neben ihm stehende Schatulle verstaute und auf Wolodja blickte.

„Es ist mein Bruder, eben aus der Kadettenanstalt eingetroffen. Wir sind nur mal zu Ihnen hereingekommen, um zu hören, wo das Regiment steht."

„Nehmen Sie Platz, meine Herren", sagte der Offizier, stand auf und ging, ohne die Gäste weiter zu beachten, ins Zelt. „Möchten Sie etwas trinken? Ein Gläschen Porter vielleicht?" fragte er von dort aus.

„Ich bin nicht abgeneigt, Wassili Michailytsch!"

Wolodja war von dem großspurigen Auftreten des Trainoffiziers, von seinen formlosen Manieren sowie von der respektvollen Art, in der sein Bruder mit ihm umging, überrascht.

Es muß wohl ein sehr tüchtiger Offizier sein, der bei allen Achtung genießt; er gibt sich natürlich und ist sicher sehr tapfer und gastfreundlich, dachte er, als er sich bescheiden und schüchtern auf den Diwan setzte.

„Wo also steht denn unser Regiment?" rief der ältere Bruder ins Zelt hinüber.

„Wie?"

Er wiederholte die Frage.

„Heute hat mich Seifer aufgesucht; er erzählte, daß sie gestern zur fünften Batterie übergewechselt seien."

„Ist das gewiß?"

„Wenn ich es sage, ist es auch gewiß; aber der Teufel kenne sich mit ihm aus! Er bringt es wohl auch fertig, einem was aufzubinden. Wie ist es nun? Mögen Sie Porter?" fragte der Trainoffizier, immer noch vom Zelt aus.

„Ich trinke ganz gern ein Glas", sagte Koselzow.

„Trinken Sie mit, Ossip Ignatjitsch?" hörte man hierauf im Zelt den Trainoffizier fragen, der diese Frage offenbar an den dort schlafenden Kommissionär richtete. „Genug geschlafen; die Uhr geht schon auf acht."

„Warum setzen Sie mir zu, ich schlafe ja gar nicht", antwortete in trägem Ton, das L und das R angenehm schnarrend aussprechend, eine dünne Stimme.

„Nun, dann stehen Sie auf! Ich langweile mich ohne Sie!"

Und der Trainoffizier kehrte zu den Gästen zurück.

„Bring uns mal Porter! Vom Simferopoler!" rief er.

Der Bursche kam mit hochmütiger Miene, wie es Wolodja schien, in den Schuppen und stieß ihn – einen Offizier! –

einfach beiseite, um unter dem Diwan eine Flasche Porter hervorzulangen.

„Ja, guter Freund“, sagte der Trainoffizier beim Füllen der Gläser, „jetzt haben wir einen neuen Regimentskommandeur. Da werden Gelderchen gebraucht, alles wird neu angeschafft.“

„Nun, der scheint ja von ganz besonderer Eigenart zu sein. Es ist eben die neue Generation“, sagte Koselzow und nahm mit verbindlicher Miene sein Glas entgegen.

„Ja, die neue Generation! Es wird ein ebensolcher Geizhals werden. Als er noch Bataillonskommandeur war, da konnte er gut schreien; aber jetzt stößt er in ein anderes Horn. So geht es nicht, guter Freund.“

„Das stimmt.“

Der jüngere Bruder verstand nichts von dem, was die beiden sprachen; aber er hatte das dunkle Gefühl, daß sein Bruder nicht das sagte, was er dachte, sondern nur so sprach, weil er sich vom Trainoffizier mit Porter bewirten ließ.

Die Flasche war leer, und das Gespräch hatte schon ziemlich lange in ähnlicher Weise angedauert, als der Türvorhang des Zeltes auseinandergeschlagen wurde und ein mittelgroßer, frisch aussehender Mann in einem Morgenrock aus blauem Atlas mit Quasten und einer rotgeränderten, mit einer Kokarde versehenen Mütze eintrat. Er strich sich beim Hereinkommen sein schwarzes Schnurrbärtchen zurecht, blickte zerstreut auf einen der Teppiche und beantwortete mit einer kaum merklichen Schulterbewegung den Gruß der Offiziere.

„Nun, schenk ein, ich trinke auch ein Gläschen!“ sagte er und nahm am Tisch Platz. „Sie kommen wohl aus Petersburg, junger Mann?“ wandte er sich dann freundlich an Wolodja.

„Jawohl, ich bin auf dem Wege nach Sewastopol.“

„Auf eigenen Wunsch?“

„Jawohl.“

„Ich verstehe nicht, was Sie dazu treibt, meine Herren!“ fuhr der Kommissionär fort. „Was mich betrifft, so würde ich, glaube ich, auf der Stelle bereit sein, auch zu Fuß bis Petersburg zu laufen, wenn man mich fortließe. Dieses Hundeleben wächst einem wahrhaftig zum Halse heraus.“

„Worüber haben Sie denn zu klagen?“ wandte sich der ältere Koselzow an ihn. „Bei einem Leben, wie Sie es hier führen?“

Der Kommissionär warf einen Blick auf ihn und wandte sich ab.

„Diese Gefahr“ (Von welcher Gefahr spricht er denn, wenn er hier an der Nordseite sitzt? dachte Koselzow.), „diese Entbehrungen, nichts ist zu haben – mir ist es wirklich unbegreiflich, was Sie hierhertreibt, meine Herren“, fuhr er, zu Wolodja gewandt, fort. „Wenn wenigstens irgendwelche Vorteile damit verbunden wären, aber unter diesen Umständen ... Nun, ist es vielleicht schön, wenn Sie in Ihrem Alter fürs ganze Leben zum Krüppel werden?“

„Dem einen ist es um Einkünfte zu tun, ein anderer tut seinen Dienst um der Ehre willen“, mischte sich in gereiztem Ton wieder der ältere Koselzow ein.

„Was ist das schon für eine Ehre, wenn man nichts zu essen hat!“ wandte sich der Kommissionär verächtlich lachend zum Trainoffizier um, der hierauf ebenfalls lachte. „Zieh mal die Arie aus der ‚Lucia‘ auf, wir wollen sie uns anhören“, sagte er, auf eine kleine Musiktruhe deutend. „Die hab ich so gern ...“

„Ist dieser Wassili Michailytsch eigentlich ein guter Mensch?“ fragte Wolodja seinen Bruder, als beide den Schuppen verlassen hatten und in der inzwischen eingetretenen Dämmerung die Fahrt nach Sewastopol fortsetzten.

„Nicht gerade schlecht, aber ein Geizhals, wie er im Buche steht. Er hat ja, gering gerechnet, seine dreihundert Rubel im Monat und haust dabei wie ein Schwein, wie du selbst gesehen hast. Aber diesen Kommissionär kann ich nicht ausstehen, ich werde ihn noch mal verprügeln. Dieser Halunke hat doch in der Türkei zwölftausend Rubel eingeheimst ...“ Und Koselzow erging sich in Erörterungen über den Wucher, zum Teil allerdings (um die Wahrheit zu sagen) mit der Erbitterung eines Menschen, der den Wucher nicht deshalb verurteilt, weil er ein Übel ist, sondern weil er sich ärgert, daß es Menschen gibt, die sich dadurch bereichern.

X

Wolodja war nicht gerade verstimmt, als sich der Wagen kurz vor Anbruch der Nacht der großen, über die Bucht führenden Brücke näherte, aber er verspürte eine gewisse Beklommenheit im Herzen. Alles, was er gesehen und gehört hatte, entsprach so wenig seinen Eindrücken aus der jüngsten Vergangenheit; fern waren der parkettgedielte, große und helle Saal, in dem die Prüfungen stattgefunden hatten, die fröhlichen, gutmütigen Stimmen und das Gelächter der Kameraden, die neue Uniform, der vergötterte Zar, dessen Anblick er sieben Jahre gewohnt gewesen war und der sie bei der Verabschiedung von ihnen mit Tränen in den Augen seine Kinder genannt hatte – alles, was er hier sah, war so wenig mit seinen schönen, erhebenden, hochsinnigen Träumen in Einklang zu bringen.

„So, nun sind wir da!“ sagte der ältere Bruder, als sie vor der Michailow-Batterie ankamen und aus dem Wagen stiegen. „Falls man uns über die Brücke läßt, gehen wir gleich in die Nikolai-Kasernen. Du kannst bis morgen früh dort bleiben, und ich suche noch das Regiment auf; dort erfahre ich auch, wo deine Batterie steht. Morgen hole ich dich dann ab.“

„Warum denn das? Wir wollen lieber zusammenbleiben“, wandte Wolodja ein. „Ich werde gleich mit dir auf die Bastion gehen. Ich muß mich ja doch daran gewöhnen. Wenn du gehst, kann ich es auch.“

„Du solltest es lieber lassen.“

„Nein, nimm mich mit; dann sehe ich gleich, wie ...“

„Ich rate dir ab, aber wenn du unbedingt willst ...“

Der Himmel war klar und dunkel; die Sterne und der Feuerschein der unaufhörlich durch die Luft fliegenden Bomben und der Schüsse hoben sich jetzt bereits grell vom finsteren Hintergrund ab. Das große weiße Gebäude der Batterie und der Brückenkopf traten plastisch aus dem Dunkel hervor. Buchstäblich jede Sekunde ertönten schnell nacheinander oder gleichzeitig mehrere Kanonenschüsse und Explosionen, die die Luft immer lauter und spürbarer erschütterten. In dieses Getöse mischte sich, es gleichsam begleitend, das dumpfe Grollen des Meeres. Von der Bucht her wehte ein leichter Wind, der den Geruch nach Feuchtigkeit herübertrug. Die Brüder traten an die Brücke heran. Ein Landsturmmann brachte unbeholfen sein Gewehr in Anschlag und rief:

„Wer da?“

„Militär!“

„Der Durchlaß ist verboten!“

„Ach was! Wir müssen hinüber.“

„Wenden Sie sich an den Offizier.“

Der Offizier, der schlummernd auf einem Anker saß, stand auf und befahl, sie passieren zu lassen.

„Hinüber können Sie, aber nicht zurück ... Was drängt ihr euch alle auf einmal vor!“ schrie er die hoch mit Schanzenkörben beladenen Regimentsfuhren an, die sich vor dem Brückenzugang stauten.

Als die Brüder zum ersten Posten hinunterstiegen, begegneten ihnen Soldaten, die, laut miteinander sprechend, von der anderen Seite kamen.

„Wenn er die Ausrüstungsgelder gekriegt hat, ist es mit ihm auch in Ordnung, sage ich ...“

„Ach, Brüder!“ hörte man eine andere Stimme. „Sobald man auf die Nordseite kommt, atmet man ordentlich auf, bei Gott! Ganz andere Luft ist hier.“

„Du kannst viel erzählen!“ sagte der erste Soldat.

„Erst vor ein paar Tagen kam hier so ein Biest hereingefegt und hat zwei Matrosen die Beine weggerissen. Rede also lieber nicht ...“

Die Brüder überschritten den ersten Ponton und blieben, auf ihren Wagen wartend, auf dem zweiten stehen, der stellenweise schon von Wasser überschwemmt wurde. Der Wind, der auf dem Lande schwach erschienen war, blies hier überaus heftig und kam stoßweise; die Brücke schwankte, und die Wellen, die brausend gegen die Balken schlugen und sich an den Ankern und Tauen brachen, ergossen sich über die Bretter. Zur Rechten toste nebelverhangen und drohend das dunkle Meer, das am mattgrauschimmernden Horizont in einer endlosen geraden Linie mit dem Sternenhimmel verschmolz, und in der Ferne glitzerten die Lichter der feindlichen Flotte. Linker Hand zeichnete sich dunkel das Massiv eines unserer Schiffe ab, und man hörte, wie die Wellen gegen seine Seitenwände schlugen; ein Dampfer wurde sichtbar, der sich schnell und geräuschvoll aus der Bucht fortbewegte; der Feuerschein einer in seiner Nähe explodierenden Bombe beleuchtete für einen kurzen Moment die auf dem Deck hoch aufgestapelten Schanzkörbe, zwei obenauf stehende Männer und den weißen Schaum und die Spritzer der vom Dampfer durchschnittenen grünlichen Wellen. Am Rande der Brücke saß ein nur mit dem Hemd bekleideter Matrose, der die Beine zum Wasser hinunterhängen ließ und mit einer Axt an irgendeinem Gegenstand herumhackte. Im Vordergrund, über Sewastopol, blitzte es ebenfalls unaufhörlich auf, und lauter und lauter schallten von dort furchtbare Detonationen herüber. Eine vom Meer heranflutende Welle ergoß sich über die rechte Seite der Brücke und über die Füße Wolodjas; zwei Soldaten kamen, durch das Wasser watend, an ihm vorüber. Plötzlich flammte mit lautem Knall ein Feuerschein auf, beleuchtete vor ihm die Brücke, einen Wagen, der auf ihr fuhr, und einen Reiter – und Granatsplitter fuhren pfeifend und Spritzer aufwerfend ins Wasser.

„Ach, Michail Semjonytsch!“ sagte der Reiter und hielt sein Pferd vor dem älteren Koselzow an. „Sind Sie schon ganz wiederhergestellt?“

„Wie Sie sehen. Wohin des Weges?“

„Zur Nordseite, Patronen holen; ich vertrete zur Zeit den Regimentsadjutanten ... Wir erwarten von Stunde zu Stunde einen Angriff und haben kaum fünf Patronen in der Tasche. Feine Organisation!“

„Wo ist denn Marzow?“

„Dem hat’s gestern ein Bein weggerissen – in der Stadt, er schlief in seinem Zimmer. Vielleicht treffen Sie ihn, er liegt in der Verbandstation.“

„Unser Regiment steht doch auf der fünften, nicht wahr?“

„Ja, wir sind als Ersatz für das Regiment M. hingekommen. Gehen Sie doch zur Verbandstation; dort finden Sie Leute von uns, die werden Sie begleiten.“

„Ist denn mein Nest in der Morskaja-Straße noch heil?“

„Ach wo, mein Lieber! Das ganze Haus ist schon längst von Bomben zertrümmert. Sie werden Sewastopol nicht wiedererkennen; Frauen sind überhaupt nicht mehr da, keine Restaurants, keine Musik gibt es mehr – das letzte ist gestern weggezogen. Es ist jetzt furchtbar trübselig geworden ... Auf Wiedersehen!"

Und der Offizier ritt im Trab weiter.

Wolodja wurde plötzlich von Schauder ergriffen; er meinte, jeden Augenblick werde ein Geschoß oder ein Granatsplitter angeflogen kommen und ihn am Kopf treffen. Diese feuchte Finsternis, diese verschiedenen Geräusche, besonders das griesgrämige Plätschern der Wellen – alles schien ihm zu sagen, daß er nicht weitergehen solle, seiner harre hier nichts Gutes, daß sein Fuß nie wieder russische Erde diesseits der Bucht betreten werde und daß er sofort zurückkehren und irgendwohin eilen müsse, möglichst weit weg von dieser furchtbaren Stätte des Todes. Aber vielleicht ist es schon zu spät, ist alles schon entschieden, dachte er und schauerte zusammen, teils infolge dieses Gedankens, teils deshalb, weil Wasser durch seine Stiefel drang und seine Füße naß wurden.

Wolodja seufzte tief auf und zog sich seitlich hinter seinen Bruder zurück.

„O Gott! Ob ich wirklich falle, ist es gerade mir bestimmt? Gott sei mir gnädig!" flüsterte er und bekreuzigte sich.

„So, nun komm, Wolodja!" sagte der ältere Bruder, als ihr Wägelchen auf die Brücke gefahren kam. „Hast du die Bombe gesehen?"

Auf der Brücke begegneten den Brüdern Fuhrwerke mit Verwundeten, mit Schanzkörben, auch ein Wagen mit Möbeln, der von einer Frau kutschiert wurde. Am anderen Ufer wurden sie von niemandem mehr aufgehalten.

Sie gingen schweigend weiter, hielten sich instinktiv dicht an die Mauer der Nikolai-Batterie, und während sie dauernd auf das Krachen der jetzt unmittelbar über ihren Köpfen explodierenden Bomben und auf das Heulen der herunterfallenden Splitter horchten, erreichten sie die Stelle in der Batterie, wo das Heiligenbild stand. Hier erfuhren sie, daß die fünfte leichte Batterie, bei der sich Wolodja zum Dienstantritt melden mußte, in Korabelnaja stationiert sei, und sie beschlossen nun, sich ungeachtet der Gefahr zusammen zur fünften Bastion zu begeben und dort beim älteren Koselzow zu übernachten, von wo Wolodja am nächsten Morgen seine Batterie aufsuchen sollte. Sie gingen durch einen Korridor und langten schließlich, über die Beine der schlafenden Soldaten hinwegsteigend, die längs der ganzen Mauer der Batterie lagen, bei der Verbandstation an.

XI

Als sie den ersten Raum betraten, der mit Betten vollgestellt war, in denen Verwundete lagen, und in dem jener drükkende, widerwärtige, in Lazaretten übliche Geruch herrschte, kamen ihnen dort zwei Krankenschwestern entgegen.

Die eine, etwa fünfzigjährig, mit schwarzen Augen und strengem Gesichtsausdruck, hatte Binden und Scharpie in der Hand und erteilte einem ihr nachfolgenden, noch jungenhaft aussehenden Feldscher Anweisungen; die andere, ein blondes, ausnehmend hübsches junges Mädchen von etwa zwanzig Jahren, dessen blasses, zartes Gesichtchen mit rührender Hilflosigkeit aus der es umrahmenden Haube hervorblickte, ging, die Hände in den Schürzentaschen, mit gesenkten Augen an der Seite der älteren Krankenschwester und war offenbar bemüht, nicht hinter ihr zurückzubleiben.

Koselzow wandte sich an die Schwestern mit der Frage, ob sie wüßten, wo Marzow liege, dem eine Bombe gestern ein Bein weggerissen habe.

„Vom Regiment P.?“ fragte die Ältere. „Ist es ein Verwandter von Ihnen?“

„Nein, ein Regimentskamerad.“

„Hm! Führen Sie die Herren hin“, sagte sie zu der jungen Schwester und trat selbst mit dem Feldscher an einen Verwundeten heran.

„So komm doch, was hast du?“ wandte sich Koselzow an Wolodja, der mit hochgezogenen Brauen und zerquältem Gesicht auf die Verwundeten starrte und sich nicht losreißen konnte. „Komm doch!“

Wolodja folgte dem Bruder, sah sich jedoch immer wieder um und wiederholte unbewußt ein um das andere Mal: „O mein Gott! O mein Gott!“

„Er ist wohl noch nicht lange hier?“ fragte die Schwester

Koselzow, auf Wolodja deutend, der ihnen auf dem Korridor, seufzend und „Ach, ach!“ stammelnd, folgte.

„Er ist eben erst angekommen.“

Die hübsche Schwester blickte sich zu Wolodja um und brach plötzlich in Tränen aus.

„Mein Gott, mein Gott! Wann wird das alles enden!“ rief sie verzweifelt.

Sie betraten die Abteilung für Offiziere. Marzow lag, die sehnigen, bis zum Ellbogen entblößten Arme unter dem Kopf verschränkt, auf dem Rücken, und seinem gelben Gesicht war anzumerken, daß er die Zähne zusammenbiß, um nicht vor Schmerzen zu schreien. Sein unversehrtes Bein ragte im Strumpf unter der Bettdecke hervor, und es war zu sehen, wie die Zehen sich krampfhaft bewegten.

„Nun, wie fühlen Sie sich?“ fragte die Schwester, während sie mit ihren zarten schmalen Fingern – an einem hatte Wolodja schon einen goldenen Ring bemerkt – seinen Kopf, auf dem sich das Haar schon zu lichten begann, ein wenig anhob und das Kissen zurechtrückte. „Hier sind Kameraden von Ihnen gekommen, die Sie besuchen wollen.“

„Ich habe selbstverständlich Schmerzen“, antwortete er schroff. „Lassen Sie nur, ich liege gut!“ Die Zehen im Strumpf bewegten sich noch schneller. „Guten Tag! Verzeihung, wie war doch Ihr Name?“ wandte er sich an Koselzow. „Ach ja, entschuldigen Sie, hier versagt einem ganz das Gedächtnis“, sagte er, als Koselzow ihm seinen Namen nannte. „Wir haben ja zusammen gewohnt“, fügte er ohne jedes Anzeichen von Freude hinzu und blickte fragend zu Wolodja.

„Das ist mein Bruder – heute aus Petersburg angekommen.“

„Hm! Was mich betrifft, so habe ich mir jetzt wohl den Abgang mit voller Pension verdient“, sagte er mit verzerrtem Gesicht. „Ach, diese Schmerzen! Wenn es bloß schneller zu Ende gehen wollte.“

Er zog das Bein hoch, murmelte etwas und bedeckte das Gesicht mit den Händen.

„Lassen wir ihn allein“, sagte mit Tränen in den Augen leise die Schwester. „Es steht sehr schlecht um ihn ...“

Auf der Nordseite hatten die Brüder noch beschlossen, zusammen zur fünften Bastion zu gehen; doch jetzt, als sie die Nikolai-Batterie verließen, waren sie gleichsam stillschweigend übereingekommen, sich nicht unnötig der Gefahr auszusetzen und jeder für sich seinem Ziel zuzustreben.

„Wirst du aber auch hinfinden, Wolodja?“ fragte der Ältere. „Übrigens kann Nikolajew dich bis nach Korabelnaja begleiten, und ich gehe allein zur Bastion und komme morgen zu dir.“

Mehr wurde bei diesem letzten Abschied der beiden Brüder nicht gesprochen.

XII

Das Dröhnen der Geschütze hielt mit unverminderter Stärke an, doch die Jekaterininskaja-Straße, durch die Wolodja, gefolgt von dem wortkargen Nikolajew, seinen Weg nahm, war völlig menschenleer und still. In der Dunkelheit sah Wolodja nichts weiter als die breite Straße, die weißen, vielfach zerstörten Fassaden der großen Häuser und das Steinpflaster des Trottoirs, über das er ging; nur ab und zu begegneten ihm Soldaten und Offiziere. Als sie, auf der linken Straßenseite gehend, an der Admiralität vorbeikamen, wurden im Schein der hellerleuchteten Fenster die längs des Trottoirs gepflanzten Akazien mit ihren grünen Stützpfählen und verkümmerten, staubbedeckten Blättern sichtbar. Das Geräusch der eigenen Schritte und der Nikolajews, der schwer atmend hinter ihm herkam, schlug deutlich an sein Ohr. Er dachte an nichts Bestimmtes: die Gedanken an die hübsche Krankenschwester, an das Bein Marzows und seine sich im Strumpf bewegenden Zehen, an die Finsternis, das Bombardement und die verschiedenen Möglichkeiten, den Tod zu finden, schwirrten nur unklar durch seine Phantasie. Seine ganze empfängliche junge Seele preßte sich zusammen und litt an dem Bewußtsein der Einsamkeit und der allgemeinen Gleichgültigkeit gegenüber seinem Schicksal in dieser Stunde der Gefahr. Ich werde fallen, werde leiden, einen qualvollen Tod sterben und niemand wird darum eine Träne vergießen! Und alles dies anstatt des heldenmütigen, von

Energie und Tatendrang erfüllten Lebens, von dem er sich so erhebende Vorstellungen gemacht hatte! Die Bomben explodierten und pfiffen in immer geringerer Entfernung. Nikolajew stieß immer häufiger einen Seufzer aus, brach aber das Schweigen nicht. Als sie über die Kleine-Korabelnaja-Brücke kamen, sah Wolodja, wie nicht weit von ihm irgend etwas pfeifend in die Bucht flog, die Wellen für einen Augenblick in purpurnes Licht tauchte, dann verschwand und gleich wieder aus dem aufsprühenden Wasser emporschnellte.

„Ha, die ist nicht krepiert!" sagte Nikolajew.

„Nein", antwortete Wolodja kleinlaut in einem ihn selbst in Erstaunen setzenden wehleidig-weinerlichen Ton.

Wieder begegneten ihnen Tragbahren mit Verwundeten und Regimentsfahrzeuge mit Schanzkörben; in Korabelnaja marschierte ein ganzes Regiment an ihnen vorüber, Reiter kamen vorbei. Einer von ihnen, ein Offizier, war von einem Kosaken begleitet. Er ritt im Trab, hielt aber, als er Wolodja bemerkte, das Pferd neben ihm an, blickte ihm ins Gesicht, wandte sich dann ab und ritt, das Pferd mit der Peitsche antreibend, wieder weiter. Ich bin allein, ganz allein! Allen ist es gleichgültig, ob ich existiere oder nicht, dachte der arme Junge mit Entsetzen, und er war wirklich nahe daran, in Tränen auszubrechen.

Nachdem sie an einer hohen weißen Mauer entlang eine Anhöhe hinaufgegangen waren, kamen sie in eine Straße mit kleinen zerstörten Häusern, die alle Augenblicke von explodierenden Bomben erhellt wurden. Aus einer kleinen Pforte trat eine betrunkene zerlumpte Frau mit einem Matrosen auf die Straße.

„Denn wenn er ein an-anständiger Mensch wäre ...", lallte sie und stieß dabei mit Wolodja zusammen. „Pardon, Herr Offizier!"

Das Herz des armen Jungen krampfte sich immer schmerzhafter zusammen. Am dunklen Horizont flammten immer häufiger Blitze auf, und immer häufiger kamen pfeifend Bomben geflogen und explodierten in seiner Nähe.

Nikolajew stieß einen schweren Seufzer aus und begann plötzlich mit Grabesstimme, wie es Wolodja schien, zu sprechen:

„Da hat er es so eilig gehabt, aus dem Gouvernement fortzukommen! ‚Ich muß fahren, ich muß fahren!' Als ob ihn hier weiß Gott was Schönes erwartete. Andere Herren, die klug sind, die bleiben, wenn sie auch nur ein ganz klein bißchen verwundet sind, ruhig im Lazarett. Dort lassen sie sich's gut sein und brauchen nichts Besseres."

„Ja, aber wenn mein Bruder doch wieder ganz gesund war", wandte Wolodja ein, der hoffte, durch ein Gespräch die Stimmung zu zerstreuen, die sich seiner bemächtigt hatte.

„Gesund! Was ist denn das für eine Gesundheit, wenn er noch ganz krank ist! Andere, wirklich Gesunde, sind klug und bleiben im Lazarett in solchen Zeiten. Was gibt es denn hier für Freude? Im Nu wird einem ein Arm weggerissen oder ein Bein – das ist alles! Das Unglück liegt immer auf der Lauer. Schon hier in der Stadt ist es furchtbar, und nun erst auf der Bastion! Keinen Schritt macht man, ohne zu beten. – Ha, dieses Biest, wie es da an einem vorbeisaust!" fügte er hinzu, als er plötzlich in nächster Nähe einen Granatsplitter summen hörte. „Da habe ich jetzt Befehl, Euer Wohlgeboren zu begleiten", fuhr er fort. „Unsereins hat ja nichts zu sagen: Was befohlen ist, wird gemacht. Aber das Fuhrwerk ist irgendeinem fremden Soldaten ausgeliefert, und das Bündel war aufgeschnürt. Geh nur, geh nur! Aber was dabei von den Sachen verlorengeht, dafür muß Nikolajew geradestehen."

Nach einigen weiteren Schritten kamen sie auf einen freien Platz. Nikolajew schwieg eine Weile und seufzte:

„Dort drüben steht Ihre Artillerie, Euer Wohlgeboren", sagte er dann plötzlich. „Fragen Sie den Posten, er wird Ihnen den Weg zeigen." Und nachdem Wolodja ein paar Schritte weitergegangen war, hörte er das Seufzen Nikolajews nicht mehr hinter sich.

Er fühlte sich jetzt vollends und endgültig verlassen. Das Bewußtsein seiner Einsamkeit in der Gefahr – vor dem Tode, wie es ihm schien – lastete wie ein schwerer kalter Stein auf seinem Herzen. Er blieb in der Mitte des Platzes stehen, blickte sich um, ob ihn niemand beobachtete, griff sich an den Kopf und stammelte entsetzt vor sich hin: „O mein Gott! Bin ich wirklich ein Feigling, ein gemeiner, elender, nichtswürdiger Feigling? Bin ich wirklich nicht fähig, für das Vaterland, für den Zaren, für den ich noch vor kurzem freudigen Herzens mein Leben hingeben wollte, mit aufrechtem Kopf in den Tod zu gehen? Nein, ich bin ein unglückliches, jämmerliches Geschöpf!" Und von Verzweiflung und ehrlicher Enttäuschung über sich selbst ergriffen, erkundigte sich Wolodja beim Posten nach dem Quartier des Batteriekommandeurs und ging auf das bezeichnete Haus zu.

XIII

Das Quartier des Batteriekommandeurs befand sich in einem kleinen einstöckigen Hause mit Eingang vom Hof. Aus einem Fenster, das mit Papier verklebt war, schimmerte der matte Schein einer Kerze. Der Bursche saß auf den Stufen vor der Haustür und rauchte eine Pfeife. Er ging ins Haus, um Wolodja dem Batteriekommandeur zu melden, und führte ihn dann in ein Zimmer. Die Einrichtung des Zimmers bestand aus einem mit dienstlichen Schriftstücken bepackten Tisch, der zwischen den beiden Fenstern unter einem zerbrochenen Spiegel stand, mehreren Stühlen und einem Metallbett mit sauberem Bettzeug und einem kleinen Teppich davor.

An der Tür des Zimmers stand ein Feldwebel, ein gutaussehender Mann mit großem Schnurrbart, kurzem Säbel und einem Kreuz nebst einer ungarischen Medaille am Mantel. In der Mitte des Zimmers ging, bekleidet mit einem leichten, abgetragenen Mantel, einen Verband um die geschwollene Backe, ein mittelgroßer, etwa vierzigjähriger Stabsoffizier auf und ab.

„Habe die Ehre, mich zu melden: Fähnrich Koselzow II, abkommandiert zur fünften leichten", sagte Wolodja nach Eintritt ins Zimmer die eingeübte Phrase her.

Der Batteriekommandeur erwiderte flüchtig seinen Gruß und forderte ihn, ohne ihm die Hand zu reichen, auf, Platz zu nehmen.

Wolodja setzte sich bescheiden auf einen Stuhl am Schreibtisch und griff nach einer daraufliegenden Schere, während der Batteriekommandeur mit auf den Rücken gelegten Händen und gesenktem Kopf, nur hin und wieder auf die mit der Schere spielenden Hände blickte, im Zimmer weiterhin schweigend auf und ab ging und über irgend etwas nachzudenken schien.

Der Batteriekommandeur war ziemlich korpulent; er hatte eine große Glatze am Hinterkopf, einen dichten, herunterhängenden Schnurrbart, der den Mund verdeckte, und große, angenehm wirkende braune Augen. Seine schönen, rundlichen Hände waren gepflegt, und mit seinen kleinen, stark nach außen gekehrten Füßen trat er selbstsicher und mit einer gewissen Affektiertheit auf, die erkennen ließ, daß der Batteriekommandeur kein Mann war, der sein Licht unter den Scheffel stellte.

„Ja", sagte er und blieb vor dem Feldwebel stehen, „den Pferden der Munitionswagen werden wir von morgen an je ein Achtelmaß zulegen müssen; sie sind sehr abgemagert. Was meinst du?"

„Sehr wohl, man kann ihnen ja was zulegen, Euer Hochwohlgeboren! Der Hafer ist billiger geworden", antwortete der Feldwebel und setzte dabei seine Finger in Bewegung, die er zwar an der Hosennaht ließ, aber offenbar gern dazu benutzt hätte, seine Worte zu unterstreichen. „Und dann hat mir auch noch unser Fourier Franstschuk gestern vom Depot einen Zettel geschickt, und er schreibt, wir müssen die Achsen unbedingt dort kaufen – sie sollen dort billig sein. Was befehlen Sie also?"

„Nun, soll er welche kaufen, Geld hat er ja", sagte der Batteriekommandeur und nahm wieder sein Hinundherwandern im Zimmer auf. „Wo haben Sie Ihre Sachen?" wandte er sich nach einer Weile unvermittelt an Wolodja und blieb vor ihm stehen.

Der arme Wolodja war derartig von dem Gedanken befangen, ein Feigling zu sein, daß er in jedem Blick, in jedem Wort eine ihm als jämmerlichen Feigling entgegengebrachte Verachtung zu erkennen glaubte. Es schien ihm, als habe der Batteriekommandeur sein Geheimnis bereits durchschaut und treibe seinen Spott mit ihm. Er antwortete verlegen, seine Sachen befänden sich auf der Grafskaja, und sein Bruder habe versprochen, sie ihm morgen zuzustellen.

Doch der Oberstleutnant hörte ihn gar nicht bis zu Ende

an und wandte sich wieder an den Feldwebel: „Wo bringen wir den Fähnrich am besten unter?"

„Den Fähnrich?" wiederholte der Feldwebel und versetzte Wolodja noch mehr in Verwirrung, indem er ihn flüchtig mit einem Blick streifte, der die Frage auszudrücken schien: Was ist das schon für ein Fähnrich, und lohnt es sich überhaupt, ihn irgendwo unterzubringen?

„Nun, im Erdgeschoß, Euer Hochwohlgeboren, bei dem Herrn Stabshauptmann kann Seine Wohlgeboren wohnen", fuhr er nach kurzem Nachdenken fort. „Der Herr Stabshauptmann ist jetzt auf der Bastion, so daß sein Bett leer steht."

„Also, wenn Sie vorläufig vorliebnehmen wollen", sagte der Batteriekommandeur. „Sie werden müde sein, nehme ich an, und morgen sehen wir dann weiter."

Wolodja stand auf und verbeugte sich.

„Möchten Sie ein Glas Tee trinken?" fragte der Batteriekommandeur, als Wolodja bereits an der Tür war. „Ich kann den Samowar in Gang bringen lassen."

Wolodja verbeugte sich und ging hinaus. Der Bursche des Oberstleutnants geleitete ihn ins Erdgeschoß und führte ihn in ein kahles, schmutziges Zimmer, in dem alles mögliche Gerümpel herumlag und ein unbezogenes Metallbett ohne Decke stand. Auf dem Bett schlief, bedeckt mit einem dikken Mantel, ein Mann in einem rosa Hemd. Wolodja meinte, es sei ein einfacher Soldat.

„Pjtr Nikolajewitsch!" Der Bursche rüttelte den Schlafenden an der Schulter. „Hier soll der Fähnrich schlafen! – Dies ist unser Junker", fügte er, sich an Wolodja wendend, erklärend hinzu.

„Ach, lassen Sie sich bitte nicht stören!" sagte Wolodja; doch der Junker, ein hochgewachsener, stämmiger junger Mann mit einem hübschen, allerdings ungemein dummen Gesicht stand auf, warf sich den Mantel um die Schultern und verließ, offenbar noch nicht ganz wach geworden, das Zimmer.

„Macht nichts, ich werde mich im Hof hinlegen", murmelte er.

XIV

Das erste, was Wolodja, mit seinen Gedanken allein geblieben, empfand, war der Widerwillen, mit dem ihn sein gegenwärtiger, so verworrener und deprimierender Gemütszustand erfüllte. Er hatte das Bedürfnis einzuschlafen, alles ringsum und vor allem sich selbst zu vergessen. Nachdem er den Mantel abgelegt hatte, löschte er die Kerze, legte sich aufs Bett und zog den Mantel, der ihm als Decke diente, bis über den Kopf, um die Angst vor der Dunkelheit zu unterdrükken, die er noch von der Kindheit her empfand. Da ging ihm plötzlich der Gedanke durch den Kopf, daß eine Bombe das Haus treffen, das Dach durchschlagen und ihn töten könnte. Er horchte: Unmittelbar über ihm waren die Schritte des Batteriekommandeurs zu hören.

Nun, wenn eine trifft, werden zuerst die da oben getötet und dann erst ich – wenigstens nicht ich allein, sagte er sich. Dieser Gedanke beruhigte ihn ein wenig, und er war schon im Begriff einzuschlummern, als er erneut aufschreckte: Aber wenn nun Sewastopol in der Nacht plötzlich genommen wird und die Franzosen hier eindringen? Womit kann ich mich zur Wehr setzen? Er stand wieder auf und begann im Zimmer auf und ab zu gehen. Die Furcht vor einer wirklichen Gefahr unterdrückte die geheime Angst vor der Dunkelheit. Außer einem Sattel und dem Samowar befanden sich im Zimmer keine handfesten Gegenstände. Ich bin ein gemeiner Mensch, bin ein Feigling, ein jämmerlicher Feigling! dachte er da plötzlich und wurde aufs neue von einem bedrückenden Gefühl der Verachtung, ja des Ekels vor sich selbst ergriffen. Dann legte er sich wieder hin und war bemüht, an nichts zu denken. Aber bei den unaufhörlichen Detonationen des Bombardements, unter denen die Scheiben des einzigen im Zimmer vorhandenen Fensters klirrten, wurden die Eindrücke des Tages in seiner Phantasie ganz von selbst wieder wach und erinnerten ihn erneut an die Gefahr. Bald glaubte er, Verwundete und Blut zu sehen, bald Bomben und Granatsplitter, die ins Zimmer geflogen kamen, bald die hübsche Krankenschwester, die ihm, dem Sterbenden, einen Verband anlegte und um ihn weinte, bald seine Mutter, die ihm in der heimatlichen Kreisstadt das Geleit gegeben hatte und nun inbrünstig unter Tränen vor einem wundertätigen Heiligenbild betete – und wiederum schien es ihm unmöglich, Schlaf zu finden. Doch da besann er sich plötzlich mit voller Klarheit auf den allmächtigen, gütigen Gott, der alles vermag und jedes Gebet hörte. Er kniete nieder, bekreuzigte sich und faltete die Hände zum Gebet, wie man es ihn in der Kindheit gelehrt hatte. Diese Geste versetzte ihn in einen Zustand längst vergessener Glückseligkeit.

Wenn ich sterben muß, wenn es sein muß, daß ich zu existieren aufhöre, dann laß es geschehen, Herr, betete er in Gedanken, und laß es möglichst schnell geschehen; und wenn dazu Tapferkeit und Standhaftigkeit nötig sind, die mir fehlen, so gib sie mir, stürze mich nicht in Schmach und Schande, die ich nicht ertragen kann, sondern lehre mich, was ich tun soll, um deinen Willen zu erfüllen.

Seine verschüchterte, kindlich beschränkte Seele war unversehens mannbar geworden, hatte sich erhellt und nahm neue, weite und lichte Horizonte wahr. Noch vieles durchdachte und empfand er in der kurzen Zeitspanne, während der er von diesem Gefühl beherrscht war; doch dann schlief er unter den andauernden Detonationen, dem Getöse des Bombardements und dem Klirren der Fensterscheiben bald ruhig und sorglos ein.

Großer Gott! Einzig du allein hast sie gehört und weißt von jenen einfältigen, doch so heißen und verzweifelten Gebeten, die, eingegeben von Unwissenheit, verworrener Reue und Leiden, zu dir von dieser furchtbaren Stätte des Todes emporgestiegen sind – angefangen vom General, der eine Sekunde zuvor noch an sein Frühstück und das Georgskreuz am Halse dachte und nun mit Schrecken deine Nähe spürt, bis hinab zum erschöpften, hungrigen und von Läusen geplagten einfachen Soldaten, der auf dem nackten Fußboden der Nikolai-Batterie niedergesunken ist und dich von dort anfleht, ihn möglichst schnell der unverdienten Leiden teilhaftig werden zu lassen! Nein, du bist nicht müde geworden, die flehentlichen Gebete deiner Kinder anzuhören, hast zu ihnen stets einen tröstenden Engel entsandt, der ihre Herzen mit Geduld, Pflichtgefühl und beglückender Hoffnung erfüllte!

XV

Nachdem der ältere Koselzow auf der Straße einen Soldaten seines Regiments getroffen hatte, setzte er gemeinsam mit ihm den Weg zur fünften Bastion fort.

„Halten Sie sich an die Mauer, Euer Wohlgeboren!“ sagte der Soldat.

„Warum?“

„Es ist gefährlich, Euer Wohlgeboren; da kommt schon wieder eine angesaust“, antwortete der Soldat, während er auf das Pfeifen eines Geschosses horchte, das über sie hinwegflog und auf der anderen Seite der Straße auf den trockenen Boden prallte.

Koselzow ließ die Mahnung des Soldaten unbeachtet und ging mutig mitten auf der Straße weiter.

Es war alles so, wie er es während seines Aufenthalts in Sewastopol im Frühjahr gekannt hatte: es waren dieselben Straßen; wie damals, nur viel häufiger, flammten Feuerscheine auf, hörte man Detonationen, Gestöhn, begegnete man Verwundeten, sah man ringsum Batterien, Brustwehren und Gräben. Aber alles dies wirkte jetzt bedrückender und zugleich erregender: Die Häuser waren noch mehr zerstört, erleuchtete Fenster waren – außer im Hause Kustschins, dem Lazarett – überhaupt nicht mehr zu sehen, Frauen waren gänzlich aus dem Straßenbild verschwunden – alles hatte nicht mehr den früheren Charakter von Gewohnheit und Sorglosigkeit, sondern trug den Stempel banger Erwartung, Müdigkeit und Spannung.

Doch nun war der letzte Graben erreicht, erklang bereits die Stimme eines Soldaten des Regiments P., der seinen früheren Kompaniechef erkannt hatte. Hier stand, an die Mauer gedrückt, nur für Augenblicke von dem Aufblitzen der Schüsse beleuchtet, das dritte Bataillon, aus dem Koselzow verhaltenes Sprechen und das Klirren von Gewehren entgegenschallte.

„Wo ist der Regimentskommandeur?“ erkundigte sich Koselzow.

„In der Blindage der Matrosen, Euer Wohlgeboren!“ antwortete der Soldat dienstbeflissen. „Kommen Sie, bitte, ich werde Sie hinführen.“

Er führte Koselzow aus einem Graben in den anderen und kam mit ihm schließlich zu einem kleinen Seitengraben. Dort saß ein Matrose und rauchte seine Pfeife; hinter ihm sah man eine Tür, durch deren Spalten Licht schimmerte.

„Kann man hinein?"

„Ich werde Sie gleich melden", antwortete der Matrose und entfernte sich durch die Tür.

Hinter der Tür hörte man zwei Stimmen sprechen.

„Wenn Preußen weiterhin neutral bleibt", sagte die Stimme, „wird auch Österreich ..."

„Was kommt es schon auf Österreich an", warf die andere Stimme ein, „wenn die slawischen Länder ... Also, bitte ihn herein."

Koselzow war noch nie in dieser Blindage gewesen. Sie überraschte ihn durch ihre üppige Ausstattung. Der Fußboden war parkettiert, ein Wandschirm verdeckte die Tür; an den Wänden standen zwei Betten, und in der Ecke hing ein großes Muttergottesbild in goldener Einfassung, vor dem ein rosa Öllämpchen brannte. Auf dem einen Bett schlief in voller Kleidung ein Marineoffizier, und auf dem anderen, vor dem ein Tisch mit zwei angebrochenen Flaschen Wein stand, saßen der neue Regimentskommandeur und ein Adjutant, deren Stimmen Koselzow von draußen gehört hatte. Obwohl Koselzow nichts weniger als feige war und sich weder der Regierung noch dem Regimentskommandeur gegenüber auch nur das geringste hatte zuschulden kommen lassen, fuhr ihm doch ein Schreck in alle Glieder, als er den Oberst, der bis vor kurzem noch sein Kamerad gewesen war, nun vor sich sah, wie er mit überheblicher Miene aufstand und ihn lässig anhörte. Überdies verwirrte ihn auch der danebensitzende Adjutant durch Haltung und Blick, die zu besagen schienen: Ich bin lediglich ein Freund Ihres Regimentskommandeurs. Sie melden sich nicht bei mir, und ich kann und will von Ihnen keine Ehrerbietung fordern.

Wie merkwürdig, dachte Koselzow beim Anblick seines Kommandeurs, erst vor sieben Wochen hat er das Regiment übernommen, und schon äußert sich in allem, was ihn umgibt, in Kleidung, Haltung, Gesichtsausdruck, die Macht des Regimentskommandeurs, eine Macht, die weniger auf seinen Jahren, dem Dienstalter und militärischer Tüchtigkeit beruht als auf seinem Reichtum. Wie lange ist es her, dachte er weiter, daß derselbe Batristschew mit uns gezecht hat, wochenlang dasselbe dunkle, nicht schmutzende Kattunhemd trug und, ohne jemals einen Menschen zu sich einzuladen, ewig seine Fleischklöße und Quarkknödel aß! Und jetzt? Schon blickt ein Hemd aus holländischem Leinen unter dem breitärmeligen Tuchrock hervor, schon hat er eine Zehnrubelzigarre in der Hand und Lafitte zu sechs Rubel die Flasche auf dem Tisch stehen – alles zu unheimlichen Preisen durch den Quartiermeister in Simferopol eingekauft; und dazu in den Augen dieser Ausdruck kalten Stolzes eines Geldaristokraten, der dir sagt: Wenn ich mich auch kameradschaftlich gebe, weil ich ein Regimentskommandeur der neuen Schule bin, darfst du nicht vergessen, daß dein Gehaltsdrittel sechzig Rubel beträgt, während durch meine Hände Zehntausende gehen und ich, glaube mir, genau weiß, daß du bereit wärst, die Hälfte deines Lebens hinzugeben, wenn du dafür an meiner Stelle sein könntest.

„Ihre Genesung hat sich ziemlich in die Länge gezogen“, sagte der Oberst zu Koselzow und maß ihn mit einem kalten Blick.

„Ich war verwundet, Herr Oberst; auch jetzt ist die Wunde noch nicht ganz verheilt.“

„Dann hätten Sie gar nicht erst herkommen sollen“, bemerkte der Oberst mit einem ungläubigen Blick auf die stämmige Figur Koselzows. „Können Sie denn Ihren Dienst versehen?“

„Gewiß, das kann ich.“

„Nun, das freut mich sehr. Sie werden also die neunte Kompanie – das war ja Ihre – vom Fähnrich Saizow übernehmen. Der Befehl wird Ihnen unverzüglich zugestellt werden.“

„Zu Befehl!“

„Seien Sie so gut, beim Vorbeigehen dem Regimentsadjutanten zu bestellen, er möge zu mir kommen“, schloß der Regimentskommandeur und gab durch eine leichte Verbeugung zu verstehen, daß die Audienz beendet sei.

Als Koselzow die Blindage verließ, brummte er irgend etwas vor sich hin und zuckte mit den Schultern, als empfinde er einen Schmerz, ein Unbehagen oder einen Ärger, und zwar nicht Ärger über den Regimentskommandeur – dazu lag kein Grund vor –, sondern Unzufriedenheit mit sich selbst und seiner ganzen Umgebung.

Die Disziplin mit ihrer Grundbedingung – Unterordnung – ist wie jede durch Gesetz verankerte Ordnung etwas Gutes, sofern ihr außer der beiderseitigen Erkenntnis ihrer Notwendigkeit die Überzeugung des Untergebenen zugrunde liegt, daß der Vorgesetzte ihm an Erfahrung, militärischer Tüchtigkeit oder einfach moralisch überlegen ist; beruht hingegen die Disziplin, wie es bei uns häufig der Fall ist, nur auf Zufällen und finanziellen Umständen, dann wird sie stets zu Wichtigtuerei auf der einen und zu verstecktem Neid und Ärger auf der anderen Seite führen, und anstatt die erstrebenswerte Vereinigung der Massen zu einem Ganzen herzustellen, wird sie eine völlig gegenteilige Wirkung ausüben. Jemand, der nicht die Kraft in sich fühlt, durch innere Würde Achtung einzuflößen, fürchtet instinktiv die Annäherung an Untergebene und ist bemüht, sich durch äußerlich zur Schau getragene Wichtigkeit jede Kritik fernzuhalten. Untergebene, die lediglich diese äußerliche, für sie verletzende Seite sehen, kommen – zum größten Teil ungerechtfertigterweise – zu der Meinung, daß hinter ihr überhaupt nichts Gutes zu finden ist.

XVI

Bevor Koselzow zu seinen Offizieren ging, suchte er seine Kompanie auf, um sie zu begrüßen und ihren Standplatz zu erkunden. Die aus Schanzkörben gebildeten Brustwehren, die Umrisse der Gräben und Kanonen, an denen er vorbeikam, ja selbst die Granatsplitter und Bomben, über die er auf seinem Weg stolperte – dieses ganze, ständig vom Feuerschein der Schüsse beleuchtete Bild war ihm wohlbekannt. Alles dies hatte sich vor drei Monaten, als er zwei Wochen ununterbrochen auf dieser Bastion zugebracht hatte, lebhaft seinem Gedächtnis eingeprägt. Und wenn der Erinnerung daran auch viel Grauenhaftes anhaftete, so war das Gedenken vergangener Tage doch auch mit einem gewissen Reiz verbunden, und fast, als wären die hier zugebrachten zwei Wochen sehr angenehm gewesen, freute er sich, die vertrauten Stätten und Gegenstände wiederzuerkennen ... Seine Kompanie lag im Verteidigungsgürtel der sechsten Bastion.

Koselzow betrat eine langgestreckte, an der Eingangsseite völlig offene Blindage, in der, wie man ihm gesagt hatte, die neunte Kompanie liegen sollte. Die Blindage war so mit Soldaten überfüllt, daß man vom Eingang aus buchstäblich keinen Schritt weiter tun konnte. An der einen Seite glimmte eine schiefgebrannte Talgkerze, die ein auf dem Boden liegender Soldat in der Hand hielt. Ein anderer Soldat las Silbe für Silbe aus einem Buch vor, mit dem er dicht an die Kerze herangerückt war. In dem stickigen Halbdunkel der Blindage sah man erhobene Köpfe, die dem Vorlesenden gespannt lauschten. Das Buch war eine Fibel, und als Koselzow die Blindage betrat, las der Soldat gerade:

„Die Angst vor dem To-de ist den Men-schen an-ge-boren ...“

„Richte den Docht auf!“ rief einer der Soldaten. „Ein interessantes Buch!“

„Mein ... Gott ...“, las der Soldat weiter.

Als Koselzow sich nach dem Feldwebel erkundigte, unterbrach der Soldat das Lesen, und die übrigen kamen in Bewegung, husteten oder schneuzten sich, wie es gewöhnlich nach einem beherrschten Schweigen geschieht. Der Feldwebel, der sich aus der Gruppe der Zuhörer erhob, knöpfte seinen Rock zu und arbeitete sich über die Beine der Soldaten hinweg, die keinen Platz hatten, sie zurückzuziehen, zum Offizier durch.

„Guten Tag, mein Lieber! Ist das hier unsere ganze Kompanie?“

„Guten Tag und viel Glück zur Rückkehr, Euer Wohlgeboren!“ erwiderte der Feldwebel und blickte Koselzow erfreut und freundlich ins Gesicht. „Haben sich Euer Wohlgeboren gut erholt? Nun, dann Gott sei Dank! Wir haben auch schon Sehnsucht nach Ihnen.“

Man sah gleich, daß Koselzow bei der Truppe beliebt war.

Im Innern der Blindage wurden Bemerkungen laut: „Der

frühere Kommandeur ist gekommen, der verwundet war, Koselzow, Michail Semjonytsch!“ und ähnliche; einige Soldaten rückten sogar an ihn heran, der Trommler begrüßte ihn.

„Guten Tag, Obantschuk! Noch wohlbehalten?“ sagte Koselzow und wandte sich dann mit erhobener Stimme an die Mannschaft: „Guten Tag, Leute!“

„Guten Tag, Euer Wohlgeboren!“ schallte es durch die Blindage.

„Wie geht es denn, Jungens?“

„Schlecht, Euer Wohlgeboren! Der Franzmann zwiebelt uns furchtbar; und immer nur von den Schanzen feuert er herüber, der Halunke, im Freien läßt er sich nicht blicken.“

„Nun, vielleicht gibt es Gott, daß ich Glück mitgebracht habe und daß er auch mal ins Freie herauskommt!“ sagte Koselzow. „Es wäre ja nicht das erstemal, daß ich euch in den Kampf führe. Wir würden ihn wieder zusammenhauen!“

„Jawohl, Euer Wohlgeboren!“

„Ja, er ist wirklich tapfer, er hat sehr viel Mut, der Herr Leutnant!“ sagte der Trommler leise, aber immerhin laut genug, daß es zu hören war, zu einem anderen Soldaten; er schien die Worte des Kompaniechefs zu rechtfertigen und den anderen davon überzeugen zu wollen, daß sie ernst gemeint und nicht leere Prahlerei seien.

Von den Soldaten begab sich Koselzow in die Festungskaserne zu seinen Kameraden, den Offizieren.

XVII

Der große Raum der Kaserne war brechend voll von Marine-, Artillerie- und Infanterieoffizieren. Einige schliefen, andere, die teils auf einer Kiste, teils auf der Lafette eines Festungsgeschützes saßen, unterhielten sich; noch andere, die die größte und lauteste Gruppe bildeten, saßen hinter dem Gewölbebogen auf zwei über den Fußboden ausgebreiteten Filzüberwürfen, tranken Porter und spielten Karten.

„Ah! Koselzow, Koselzow! Schön, daß du zurückkommst, bist ein ganzer Kerl! Was macht die Wunde?“ wurde von verschiedenen Seiten gerufen. Auch hier war zu sehen, daß er beliebt war und daß man sich über seine Ankunft freute.

Nachdem er den ihm bekannten Offizieren die Hand geschüttelt hatte, gesellte sich Koselzow jener lauten Gruppe von Offizieren zu, die Karten spielten und unter denen sich die meisten seiner Regimentskameraden befanden. Ein hagerer, gutaussehender Offizier mit dunklem Haar, langer, schmaler Nase, starkem, sich über die Wangen fortsetzenden Schnurrbart und schönen weißen Händen, an deren einem Finger ein massiver goldener Siegelring steckte, hielt die Bank und warf die Karten hastig und unordentlich hin; er war offenbar über irgend etwas erregt und bemühte sich, es durch vorgetäuschten Gleichmut zu verbergen. Rechts von ihm lag, auf den Ellbogen gestützt, ein grauhaariger, schon stark berauschter Major, der mit affektierter Kaltblütigkeit jedesmal einen halben Rubel setzte und sofort auf den Tisch legte. Zur Linken des Bankhalters hockte ein junger Offizier mit rotem verschwitztem Gesicht, der gezwungen lächelte und scherzte, wenn seine Karten geschlagen wurden; mit der einen Hand unaufhörlich in seiner leeren Hosentasche wühlend, spielte er in großem Stil, aber offenbar bereits ohne Deckung, was auch der Grund für die Erregung des hübschen Bankhalters war. Ein hagerer, blasser Offizier mit Glatze und bartlosem, ungewöhnlich breitem und bösem Mund, der einen großen Stoß Banknoten in der Hand hielt, ging im Zimmer umher, spielte jedesmal va banque und gewann dauernd.

Koselzow trank einen Schnaps und nahm bei den Spielern Platz.

„Setzen Sie mal, Michail Semjonytsch!“ forderte ihn der Bankhalter auf. „Geld, nehme ich an, werden Sie doch wohl eine Unmenge mitgebracht haben.“

„Woher sollte ich Geld haben? Im Gegenteil, das letzte bin ich in der Stadt losgeworden.“

„Nanu? In Simferopol werden Sie doch sicherlich den einen oder den anderen gerupft haben?“

„Ich habe wirklich nicht viel“, erwiderte Koselzow, wünschte aber offenbar gar nicht, damit Glauben zu finden;

er knöpfte seinen Rock auf und nahm die abgegriffenen Karten in die Hand. „Versuchen kann ich's ja mal! Das Glück ist launisch, und selbst ein blindes Huhn findet bekanntlich einmal ein Korn. Man muß sich nur Mut antrinken."

Und nachdem er drei Gläschen Schnaps und etliche Glas Porter getrunken hatte, war er innerhalb kurzer Zeit völlig in die Geistesverfassung der ganzen Gesellschaft, das heißt einen Zustand umnebelter Selbstvergessenheit, versetzt und verlor seine letzten drei Rubel.

Der kleine, immer mehr in Schweiß geratene Offizier stand indes bereits mit hundertfünfzig Rubel in der Kreide.

„Nein, ich habe kein Glück", sagte er und griff lässig nach einer neuen Karte.

„Ich bitte um Kasse", sagte der Bankhalter, der für einen Augenblick das Auswerfen der Karten unterbrach und zu ihm hinsah.

„Gestatten Sie, daß ich morgen abrechne", erwiderte der schwitzende Offizier, während er aufstand und mit der Hand immer nervöser in seiner leeren Tasche herumwühlte.

„Hm!" brummte der Bankhalter und schleuderte gereizt nach rechts und links die noch zum Spiel erforderlichen Karten auf den Tisch. „So geht es nicht", sagte er dann und legte die Karten hin. „Ich mache Schluß. So geht es wirklich nicht, Sachar Iwanowitsch", fuhr er fort. „Wir haben hier gegen Bargeld gespielt und nicht auf Pump."

„Trauen Sie mir etwa nicht? Das ist ja komisch!"

„Wer zahlt denn nun?" lallte der Major, der stark unter Alkohol stand und einen Gewinn von etwa acht Rubel zu bekommen hatte. „Ich habe schon über zwanzig Rubel eingezahlt, habe jetzt dauernd gewonnen, aber ausgezahlt wird mir nichts."

„Womit soll ich denn auszahlen, wenn kein Geld auf dem Tisch liegt?" erklärte der Bankhalter.

„Das geht mich nichts an!" schrie der Major und stand auf. „Ich spiele mit Ihnen, mit anständigen Leuten, und nicht mit dem da."

Der schwitzende Offizier geriet plötzlich in Rage:

„Ich erkläre doch, daß ich morgen alles begleichen werde;

wie unterstehen Sie sich da, mir Unverschämtheiten zu sagen?"
„Ich sage, was mir paßt! So handelt kein anständiger Mensch, punktum!"
„Lassen Sie's gut sein. Fjodor Fjodorytsch!" versuchten alle den Major zu beschwichtigen. „Beruhigen Sie sich!"
Aber der Major schien nur auf die Beschwichtigungsversuche gewartet zu haben, um vollends in Wut zu geraten. Er sprang plötzlich auf und ging torkelnd auf den schwitzenden Offizier zu.
„Ich sage Unverschämtheiten? Ein Mann, der älter ist als Sie und seit zwanzig Jahren seinem Zaren dient, Unverschämtheiten? Grüner Junge, du!" kreischte er, durch den Klang seiner Stimme immer mehr aufgestachelt. „Gemeiner Kerl!"
Doch lassen wir über diese tiefbetrübliche Szene schleunigst den Vorhang fallen. Morgen, vielleicht schon heute wird jeder dieser Menschen frohgemut und stolz dem Tode entgegengehen und standhaft und ruhig sterben. Angesichts dieser selbst die nüchternste Phantasie mit Entsetzen erfüllenden, jedes Menschlichen baren Verhältnisse und der Hoffnungslosigkeit, ihnen zu entrinnen, besteht eben die einzige Freude des Lebens in Selbstvergessenheit, in der Betäubung des Bewußtseins. Auf dem Grunde des Herzens eines jeden ruht indessen jener edle Funke, der ihn zum Helden machen wird: Dieser Funke kann verblassen, an Leuchtkraft verlieren – bis dann der vom Schicksal bestimmte Augenblick kommt, an dem er zu einer Flamme auflodert, in deren Schein große Taten vollbracht werden.

XVIII

Am folgenden Tag hielt das Bombardement mit unverminderter Heftigkeit an. Gegen elf Uhr morgens saß Wolodja Koselzow im Kreise der Batterieoffiziere, mit denen er sich bereits etwas angefreundet hatte, studierte die ihm neuen Gesichter, beobachtete, stellte Fragen und erzählte selbst. Die bescheidene, ein wenig Gelehrtheit hervorkehrende Unterhaltung der Artillerieoffiziere flößte ihm Achtung ein und sagte ihm zu. Das schüchterne, harmlose Wesen Wolodjas und sein hübsches Äußeres nahmen andererseits die Offiziere für ihn ein. Der älteste Offizier der Batterie, ein Hauptmann mittleren Wuchses mit rotem Schopf und an den Schläfen glatt anliegendem Haar, der nach den alten Traditionen der Artillerie ausgebildet war und im Rufe eines Damenfreundes und Gelehrten stand, fragte Wolodja nach seinen artilleristischen Kenntnissen und den neuen Erfindungen, hänselte ihn gutmütig wegen seines jugendlichen Alters und hübschen Gesichts und ging mit ihm überhaupt wie ein Vater mit seinem Sohn um, was Wolodja sehr angenehm berührte.

Auch an dem Leutnant Djadenko, einem jungen Mann, der das O auf ukrainische Art aussprach, in einem zerschlissenen Mantel und mit zerzaustem Haar herumging, ein ungewöhnlich lautes Organ und schroffe Bewegungen hatte und jede Gelegenheit aufgriff, um sich über alles mögliche in bissiger Weise zu entrüsten, fand Wolodja Gefallen, weil er erkannte, daß in dieser rauhen Schale ein sehr anständiger und äußerst gutmütiger Mensch steckte. Djadenko bot Wolodja ständig seine Dienste an und wies ihm nach, das sämtliche Geschütze Sewastopols ordnungswidrig aufgestellt seien. Lediglich für den Leutnant Tschernowizki, der stets mit hochgezogenen Brauen einherging, einen verhältnismäßig sauberen, wenn auch nicht neuen, so immerhin sorgfältig geflickten Rock anhatte und über seiner Atlasweste eine goldene Uhrkette zur Schau trug, konnte sich Wolodja nicht erwärmen, obwohl Tschernowizki von allen am höflichsten war. Er erkundigte sich bei Wolodja immer wieder nach dem Zaren und dem Kriegsminister, erzählte mit unnatürlich wirkender Begeisterung von den in Sewastopol vollbrachten Heldentaten, klagte, daß man so wenig Patriotismus finde, daß so unvernünftige Verfügungen erlassen würden, und offenbarte an sich vielseitige Kenntnisse, Verstand und edle Gesinnung; aber aus irgendeinem Grunde hatte Wolodja den Eindruck, daß dies alles einstudiert und unnatürlich sei. Vor allem aber bemerkte er, daß die übrigen Offiziere so gut wie gar nicht mit Tschernowizki sprachen. Der Junker Wlang, den er gestern im Schlaf gestört hatte, war ebenfalls zugegen. Er sprach nichts, sondern saß bescheiden in einer Ecke, lachte, wenn es etwas zum Lachen gab, machte darauf aufmerksam, wenn jemand etwas vergessen hatte, bestellte den Schnaps und drehte für sämtliche Offiziere die Zigaretten. Ob es nun an dem bescheidenen, höflichen Benehmen Wolodjas lag, der ihn wie einen Offizier behandelte und nicht schurigelte wie einen dummen Jungen, oder ob der Junker Wlanga – so nannten ihn die Soldaten, denn sie deklinierten seinen Namen aus irgendeinem Grund wie ein Wort weiblichen Geschlechts – von Wolodjas sympathischem Äußeren fasziniert war, er wandte jedenfalls seine großen, gutmütig-stupiden Augen keinen Moment von dem Gesicht des neuen Offiziers ab, erriet und erfüllte im voraus alle seine Wünsche und befand sich die ganze Zeit in einer Art schwärmerischen Verzückung, was natürlich seitens der Offiziere bemerkt und bespöttelt wurde.

Vor dem Mittagessen gesellte sich der auf der Bastion abgelöste Stabshauptmann zu der Gruppe. Stabshauptmann Kraut war ein blonder, gutaussehender und schneidiger Offizier mit großem rotem Schnurrbart und Backenbart; er sprach ausgezeichnet Russisch, aber etwas allzu korrekt und gewählt für einen echten Russen. Im Dienst und täglichen Leben verhielt es sich mit ihm ebenso wie mit der Sprache: Er erfüllte vorbildlich seine Pflichten, war ein ausgezeichneter Kamerad und überaus gewissenhaft in Geldangelegenheiten; aber einfach als Mensch ging ihm gerade deshalb irgend etwas ab, weil alles an ihm allzu korrekt war. Wie alle Deutschen in Rußland war er – in seltsamem Gegensatz zu den idealistischen Deutschen in Deutschland – im höchsten Grade praktisch.

„Da kommt er ja, unser Held!“ sagte der Hauptmann, als Kraut, die Arme schwenkend und sporenklirrend, mit strahlendem Gesicht das Zimmer betrat. „Was trinken Sie, Friedrich Krestjanytsch, Tee oder Schnaps?“

„Ich habe mir schon Tee bestellt, kann mir aber vorher auch ein Schnäpschen zu Gemüte führen“, antwortete er. „Stabshauptmann Kraut“, wandte er sich dann an Wolodja, der aufgestanden war und sich vor ihm verbeugte. „Sehr erfreut, Sie kennenzulernen, hoffe auf gute Kameradschaft. Ich hörte bereits auf der Bastion von unserem Feuerwerker, daß Sie gestern angekommen seien.“

„Ich muß Ihnen für Ihr Bett danken: Darauf habe ich diese Nacht geschlafen."

„Konnten Sie denn auch gut schlafen? Ein Bein wackelt nämlich, und niemand kommt dazu, es in Ordnung zu bringen – jetzt, bei dem Belagerungszustand. Man muß etwas darunterschieben."

„Nun, ist Ihre Wachzeit glücklich abgelaufen?" fragte Djadenko.

„Es ging an. Nur Skworzow hat was abbekommen, und gestern mußte eine der Lafetten repariert werden. Das ganze Gestell war zertrümmert."

Er stand auf und begann auf und ab zu gehen. Man sah ihm an, daß er noch ganz von dem wohligen Gefühl durchdrungen war, das jemand empfindet, der eben erst eine Gefahr überstanden hat.

„Nun, Dmitri Gawrilytsch, wie geht's, alter Freund?" wandte er sich an den Hauptmann und schlug ihm auf die Knie. „Wie steht's mit Ihrer Beförderung? Noch nichts zu hören?"

„Es ist noch nichts heraus."

„Es wird auch nichts daraus werden", mischte sich Djadenko ein. „Das habe ich Ihnen ja gleich bewiesen."

„Warum denn nicht?"

„Weil die Eingabe nicht entsprechend abgefaßt ist."

„Ach, Sie Streithahn, Sie Streithahn", sagte Kraut mit einem vergnügten Lächeln. „Ein echter starrköpfiger Chochol! Nun, passen Sie auf, trotz allem wird für Sie dabei der Leutnant herausspringen."

„Nein, das wird er nicht."

„Wlang, bringen Sie mir doch mal meine Pfeife und stopfen Sie sie", wandte er sich an den Junker, der sofort bereitwillig losstürzte, die Pfeife zu holen.

Kraut hatte alle aufgemuntert. Er erzählte vom Bombardement, erkundigte sich, was sich in seiner Abwesenheit zugetragen habe, und zog jeden ins Gespräch.

XIX

„Nun, haben Sie sich bei uns schon etwas eingelebt?“ wandte sich Kraut an Wolodja. „Verzeihen Sie, wie ist doch Ihr Vor- und Vatersname? Bei uns, in der Artillerie, wissen Sie, ist das schon so Brauch. Haben Sie sich auch bereits ein Reitpferdchen angeschafft?“

„Nein, ich weiß gar nicht, wie das werden soll“, antwortete Wolodja. „Ich sprach schon mit dem Hauptmann darüber. Ich besitze kein Pferd, habe aber auch kein Geld, bevor ich die Fourage- und Reisegelder ausgezahlt bekomme. Ich will mir vorläufig ein Pferd beim Batteriekommandanten ausbitten, fürchte jedoch, daß er es ablehnen wird.“

„Apollon Sergejitsch?“ Kraut stieß mit den Lippen einen Laut aus, der starken Zweifel ausdrückte, und sah den Hauptmann an. „Das wird er kaum bewilligen.“

„Nun, wenn er es ablehnt, ist es auch kein Unglück“, meinte der Hauptmann. „Im Grunde genommen braucht man hier gar kein Pferd; aber wir können es ja versuchen, ich werde ihn heute fragen.“

„Was sagen Sie? Sie kennen ihn nicht“, mischte sich Djadenko ein. „Vieles andere mag er ablehnen, aber ein Pferd für den Fähnrich bewilligt er bestimmt. Wetten wir?“

„Na ja, das kennen wir schon, daß Sie stets widersprechen müssen.“

„Ich widerspreche, weil ich Bescheid weiß. In anderen Dingen ist er geizig, aber das Pferd wird er bewilligen, denn eine Ablehnung bringt ihm keinen Vorteil.“

„Wieso keinen Vorteil, wo er doch hier acht Rubel für den Hafer zahlen muß?“ hielt ihm Kraut entgegen. „Er hat schon ein Interesse daran, kein überflüssiges Pferd zu halten.“

„Bitten Sie sich den ‚Skworez‘ aus, Wladimir Semjonytsch“, sagte Wlang, der mit Krauts Pfeife zurückkam. „Es ist ein feines Pferd!“

„Mit dem Sie in Soroki in einen Graben gestürzt sind, nicht wahr, Wlanga?“ lachte der Stabshauptmann.

„Was macht es schon aus, daß der Hafer, wie Sie sagen, acht Rubel kostet“, ereiferte Djadenko sich weiter, „wenn er dafür zehneinhalb Rubel anrechnen darf; natürlich hat er davon nur Vorteil.“

„Wie sollte man auch annehmen, daß er für sich gar nichts erübrigt! Aber wenn Sie erst einmal Batteriekommandeur sind, wird es wahrscheinlich nicht einmal Pferde geben, um in die Stadt zu reiten!“

„Wenn ich Batteriekommandeur bin, Verehrtester, wird jedes Pferd vier Achtelmaß täglich zu fressen bekommen; ich werde mich nicht bereichern, verlassen Sie sich darauf.“

„Warten wir ab, dann wird es sich zeigen!“ sagte der Stabshauptmann. „Auch Sie werden Ihr Schäfchen ins trockene bringen; und auch er“, fügte er, auf Wolodja zeigend, hinzu, „wird, wenn er einst Batteriekommandeur ist, die Überschüsse in die eigene Tasche wandern lassen.“

„Warum nehmen Sie an, Friedrich Krestjanowitsch, daß auch der Fähnrich geneigt sein würde, daraus Nutzen zu ziehen?“ mischte sich Tschernowizki ein. „Vielleicht ist er vermögend; weshalb sollte ihm dann daran liegen?“

„Nein, ich ..., entschuldigen Sie schon, Herr Hauptmann“, sagte Wolodja und wurde bis über die Ohren rot, „aber ich würde das wirklich für unehrenhaft halten.“

„Oho! Nicht so stürmisch!“ sagte Kraut. „Bringen Sie es erst mal bis zum Hauptmann, dann werden Sie anders reden.“

„Nein, das spielt keine Rolle; ich meine nur, daß ich kein Geld nehmen darf, das mir nicht zukommt.“

„Ich will Ihnen mal was sagen, junger Mann“, fuhr Kraut nunmehr in ernsthaftem Ton fort. „Wissen Sie auch, daß Sie als Batteriekommandeur, falls Sie gut wirtschaften, in Friedenszeiten mindestens fünfhundert und im Kriege sogar sieben- bis achttausend Rubel allein an den Pferden übrigbehalten? Also schön. Was die Mannschaftsverpflegung betrifft, so mischt sich der Batteriekommandeur nicht ein: Das wird bei der Artillerie von alters her so gehalten; wenn Sie schlecht wirtschaften, erübrigen Sie nichts dabei. Ferner: Sie haben über den Etat hinaus Unkosten für das Beschlagen der Pferde – zum ersten“, er bog einen Finger ein, „für die Apotheke – zum zweiten“, er bog einen weiteren Finger ein, „für die Kanzlei – zum dritten, und für die Pferde, die zur Hand sein müssen, werden je fünf Hunderter verlangt und gezahlt, mein Bester, während der Remontepreis fünfzig Rubel beträgt – das zum vierten. Sie sind genötigt, für die Soldaten außer Etat die Kragen auszuwechseln, haben Mehrausgaben für Kohlen, bestreiten die Beköstigung der Offiziere. Ein Batteriekommandeur ist zu einem gewissen Aufwand gezwungen: Er braucht einen Wagen, einen Pelz, braucht dies und das und noch hunderterlei andere Dinge ..., was ist da noch viel zu reden!"

„Und vor allem, Wladimir Semjonytsch", fiel der Hauptmann ein, der bis dahin geschwiegen hatte, „ist dies zu bedenken: Wenn ein Mann wie ich, zum Beispiel, zwanzig Jahre hindurch seinen Dienst bei einem Gehalt von zweihundert Rubeln versehen und die ganze Zeit ein kümmerliches Leben geführt hat, sollte man ihm da nicht die Gelegenheit gönnen, sich für seine alten Tage ein Stück Brot zu sichern, wo die Kommissionäre in einer Woche Zehntausende einheimsen?"

„Ach, das bedarf keiner Worte!" mischte sich wieder der Stabshauptmann ein. „Übereilen Sie sich nicht mit Ihrem Urteil, werden Sie erst einmal warm, lernen Sie den Dienst kennen."

Wolodja, der seine unbedachten Äußerungen jetzt sehr bedauerte und beschämt war, murmelte irgend etwas und hörte dann schweigend zu, wie Djadenko aufs eifrigste zu widersprechen und das Gegenteil nachzuweisen begann.

Die Debatte wurde durch den Eintritt des Burschen des Obersten unterbrochen, der zum Essen bat.

„Sagen Sie doch Apollon Sergejitsch diesmal, daß er Wein auftischen lassen soll", wandte sich Tschernowizki, während er seinen Rock zuknöpfte, an den Hauptmann. „Warum geizt er damit? Wenn wir umkommen, hat niemand was davon!"

„Sagen Sie es ihm doch selbst", erwiderte der Hauptmann.

„Ach nein, Sie sind der älteste Offizier; alles muß seine Ordnung haben."

XX

In demselben Zimmer, in dem sich Wolodja gestern beim Obersten gemeldet hatte, war der Tisch jetzt von der Wand abgerückt und mit einem nicht gerade sauberen Tischtuch bedeckt. Der Batteriekommandeur reichte ihm heute die Hand und fragte ihn nach Petersburg und seiner Reise.

„So, meine Herren, wer einen Schnaps mag, greife gefälligst zu! Fähnriche trinken ja nicht“, fügte er mit einem Blick auf Wolodja lächelnd hinzu.

Überhaupt wirkte der Batteriekommandeur jetzt gar nicht so schroff wie tags zuvor; im Gegenteil, er machte den Eindruck eines gutmütigen, gastfreundlichen Hausherrn und älteren Kameraden. Nichtsdestoweniger erkannte man schon an der Art, wie alle Offiziere, vom alten Hauptmann bis hinab zum Streithahn Djadenko, mit ihm sprachen und ihm dabei respektvoll in die Augen blickte, wie sie bescheiden, einer nach dem anderen, von der Wand an den Tisch herantraten, um einen Schnaps zu trinken, daß der Kommandeur bei ihnen große Achtung genoß.

Das Mittagessen bestand aus einer großen Terrine Kohlsuppe, in der Stücke fetten Rindfleisches und eine Unmenge von Pfefferkörnern und Lorbeerblättern schwammen, aus polnischen Klopsen mit Senf und Fleischpasteten mit nicht ganz frischer Butter. Servietten gab es keine, gegessen wurde mit einfachen Blech- oder Holzlöffeln; nur zwei Gläser waren vorhanden, und an der auf dem Tisch stehenden grauen Wasserkaraffe war der obere Teil des Halses abgeschlagen. Aber beim Essen herrschte keine Langeweile, die Unterhaltung brach keinen Augenblick ab. Zuerst kam die Rede auf die Schlacht bei Inkerman, an der die Batterie teilgenommen hatte; jeder trug seine Eindrücke und Erwägungen über die Gründe der Niederlage vor, verstummte aber sofort, sobald der Batteriekommandeur selbst das Wort ergriff. Anschließend ging das Gespräch ganz von selbst zu dem unzulänglichen Kaliber der leichten Geschütze und zu den neuen, handlicheren Kanonen über, wobei Wolodja Gelegenheit hatte, seine artilleristischen Kenntnisse anzubringen. Auf die gegenwärtige entsetzliche Lage Sewastopols kam hingegen niemand zu sprechen – als ob jeder mit seinen Gedanken allzusehr mit diesem Punkt beschäftigt gewesen wäre, um hierüber noch viele Worte zu verlieren. Auch die Einzelheiten des Dienstes, den Wolodja hier versehen sollte, blieben zu seinem Erstaunen und Verdruß bei der Unterhaltung gänzlich unberührt, als sei er nur zu dem Zweck nach Sewastopol gekommen, von der größeren Handlichkeit der neuen Geschütze zu erzählen und beim Regimentskommandeur zu Mittag zu essen. Während der Mahlzeit detonierte irgendwo in der Nähe des Hauses, in dem sie sich aufhielten, eine Bombe. Der Fußboden und die Wände erzitterten wie bei einem Erdbeben, und die Fenster wurden von Pulverrauch verdunkelt.

„In Petersburg werden Sie so etwas wohl nicht erlebt haben, nehme ich an", wandte sich der Batteriekommandeur an Wolodja. „Hier jedoch gibt es häufig derartige Überraschungen ... Sehen Sie doch mal nach, Wlang, wo sie explodiert ist."

Wlang ging hinaus und kam mit dem Bescheid zurück, daß die Bombe auf dem freien Platz krepiert sei, worauf hiervon nicht mehr die Rede war.

Als man mit dem Essen fast fertig war, kam der Batterieschreiber, ein altes Männchen, mit drei versiegelten Briefen ins Zimmer und händigte sie dem Batteriekommandeur aus. „Dieser hier pressiert sehr, ein Kosak hat ihn eben vom Chef der Artillerie gebracht." Unwillkürlich blickten alle Offiziere mit gespannter Erwartung auf die Hände des Batteriekommandeurs, dessen hierin schon geübte Finger das Siegel des Umschlags erbrachen und diesem das „sehr pressierende" Schriftstück entnahmen. Was kann es sein? fragte sich ein jeder in Gedanken. Es konnte der Befehl sein, zur Erholung aus Sewastopol abzuziehen, aber ebensogut, die ganze Batterie auf die Bastionen zu schicken.

„Schon wieder!" Der Batteriekommandeur warf das Schriftstück wütend auf den Tisch.

„Worum handelt es sich denn, Apollon Sergejitsch?" fragte der älteste Offizier.

„Da wird ein Offizier nebst Bedienungsmannschaft für irgendeine Mörserbatterie angefordert. Mir stehen ohnehin nur noch vier Offiziere zur Verfügung, und die Mannschaft reicht nicht mehr zu einer vollen Besatzung aus – da soll ich jetzt noch weitere hergeben“, brummte der Batteriekommandeur. „Immerhin, meine Herren, einer von Ihnen wird gehen müssen“, fuhr er nach kurzem Schweigen fort. „Der Befehl lautet: Um sieben Uhr an der Rogatka ... Lassen Sie doch mal den Feldwebel rufen! Und wer von Ihnen sich aufmachen soll, das entscheiden Sie selbst, meine Herren“, fügte er hinzu.

„Der Fähnrich hat ja bis jetzt noch nichts gemacht“, meinte Tschernowizki, und zeigte dabei auf Wolodja.

Der Batteriekommandeur antwortete hierauf nichts.

„Ich bin gern bereit“, erklärte Wolodja und fühlte zugleich, wie ihm kalter Schweiß auf Rücken und Nacken trat.

„Nein, warum denn so?“ fiel der Hauptmann ein. „Selbstverständlich wird sich niemand weigern, aber sich aufzudrängen hat auch keinen Sinn; wenn Apollon Sergejitsch es uns überläßt, dann wollen wir doch losen, wie wir es auch das letztemal gemacht haben.“

Alle stimmten zu. Kraut schnitt kleine Zettel zurecht, rollte sie zusammen und schüttete sie in seine Mütze. Der Hauptmann scherzte und entschloß sich sogar, den Oberst bei dieser Gelegenheit um Wein anzugehen – um sich Mut anzutrinken, wie er sagte. Djadenko saß mit finsterem Gesicht da, Wolodja lächelte gezwungen, und Tschernowizki versicherte, das Los werde bestimmt auf ihn fallen, Kraut war vollkommen ruhig.

Wolodja wurde es überlassen, als erster ein Los zu nehmen. Er griff bereits nach einem Röllchen, das etwas länger als die übrigen war, besann sich jedoch im letzten Augenblick, nahm ein anderes, das kürzer und dicker war, faltete es auseinander und las: Gehen.

„Ich“, sagte er und seufzte auf.

„Nun, dann mit Gott! So werden sie also gleich Ihre Feuertaufe bekommen“, sagte der Batteriekommandeur und blickte mit einem gutmütigen Lächeln in das betretene Gesicht des Fähnrichs. „Sie müssen sich jedoch beeilen. Und damit Sie ein bißchen Unterhaltung haben, wird Wlang Sie als Geschützfeuerwerker begleiten.“

XXI

Wlang, der über die ihm zugewiesene Aufgabe höchst erfreut war, lief eiligst hinaus, um sich fertig zu machen, und kam marschmäßig angezogen zu Wolodja, ihm behilflich zu sein; er wollte ihn absolut überreden, sein Feldbett, den Pelz, alte Exemplare der „Vaterländischen Aufzeichnungen", einen Spirituskocher und andere unnötige Dinge mitzunehmen. Der Hauptmann riet Wolodja, erst einmal im „Leitfaden" das Schießen aus Mörsern durchzulesen und sich daraus die Tabelle der Elevationswinkel abzuschreiben. Wolodja machte sich auf der Stelle ans Werk und merkte dabei zu seiner Verwunderung und Freude, daß die Angst vor der Gefahr und vor allem die Angst, sich als Feigling zu erweisen, ihn zwar noch ein wenig beunruhigten, aber längst nicht mehr in dem Grade wie tags zuvor. Das war zum Teil auf den Einfluß des Tageslichts und sein Beschäftigtsein zurückzuführen, zum Teil und in der Hauptsache aber auch darauf, daß Angst, wie jedes starke Gefühl, nicht lange Zeit in unverändertem Maße anhalten kann. Kurz gesagt, er hatte dieses Stadium von Angst bereits hinter sich. Gegen sieben Uhr, als die Sonne sich gerade hinter der Nikolai-Kaserne zu verbergen begann, erschien der Feldwebel bei ihm und erklärte, daß die Truppe abmarschbereit warte.

„Das Verzeichnis habe ich Wlanga ausgehändigt. Euer Wohlgeboren wollen es sich von ihm geben lassen."

Etwa zwanzig Artilleristen standen, nur mit Seitengewehren ausgestattet, an einer Seitenwand des Hauses. Wolodja trat zusammen mit dem Junker an sie heran. Er überlegte, ob er sie durch eine kleine Ansprache begrüßen oder sich einfach mit einem Guten Abend, Leute! begnügen solle oder ob er vielleicht am besten gar nichts sagte. Nein, warum soll ich ihnen nicht guten Abend, Leute! sagen – das muß ich sogar, dachte er und rief laut mit seiner hellen Stimme: „Guten Abend, Leute!" Die Soldaten erwiderten den Gruß fröhlich. Seine jugendliche, frische Stimme hatte jedem angenehm in den Ohren geklungen. Wolodja marschierte frohgemut an der Spitze der Soldaten, und obschon sein Herz so heftig schlug, als sei er mehrere Werst in schnellstem Tempo gelaufen, waren seine Schritte elastisch und sein Gesichtsausdruck heiter. Als der Trupp bereits am Malachow-Hügel angelangt war und der Aufstieg begann, bemerkte Wolodja, daß Wlang, der sich dicht an seine Fersen hielt und zu Hause so großen Mut bekundet hatte, alle Augenblicke zur Seite auswich und den Kopf einzog, als kämen sämtliche Bomben und Kugeln, die hier allerdings schon in großer Zahl durch die Luft schwirrten, gerade auf ihn zugeflogen. Einige Soldaten taten desgleichen; überhaupt sprach aus den Gesichtern der meisten wenn nicht Angst, so doch Unruhe. Dieser Umstand tat ein übriges, Wolodja vollends zu beruhigen und zu ermutigen.

Nun bin ich also auch auf dem Malachow-Hügel, den ich mir ganz ohne Grund so ungeheuer schrecklich vorgestellt habe! Ich gehe ruhig weiter, ohne vor den Geschossen eine Verbeugung zu machen, und fürchte mich nicht weniger als die anderen. Demnach bin ich also gar kein Feigling, dachte er befriedigt und sogar mit einer gewissen begeisterten Selbstgefälligkeit.

Dieses Gefühl der Furchtlosigkeit und Selbstzufriedenheit wurde freilich bald durch ein Bild erschüttert, das sich ihm darbot, als er in der Dämmerung bei der Kornilow-Batterie ankam und den Kommandeur der Bastion aufsuchen wollte. Vor der Brustwehr hatten vier Matrosen einen Leichnam an Füßen und Armen gefaßt und schwenkten ihn, um ihn über die Brustwehr zu schleudern. (Am zweiten Tage eines Bombardements kam man gewöhnlich nicht mehr dazu, die Leichen der Gefallenen von den Bastionen fortzuschaffen, und warf sie in den Festungsgraben hinüber, damit sie auf den Batterien nicht hinderlich waren.) Wolodja blieb einen Augenblick wie versteinert stehen, als er sah, wie der Leichnam auf dem oberen Rand der Brustwehr aufschlug und von dort langsam in den Graben hinunterrollte. Doch zu seinem Glück traf er hier den Chef der Bastion an, der ihm Anweisungen erteilte und zwei Begleiter mitgab, die ihn zur Batterie und zu der für die Bedienungsmannschaft bestimmten Blindage führen sollten. Ich will nicht davon erzählen, wie viele Schrecken, Gefahren und Enttäuschungen unser Held noch am gleichen Abend zu erleben hatte; wie er anstatt der nach allen Regeln für Genauigkeit und Ordnung ausgestatteten Geschütze, die er bei den Schießübungen auf dem Wolkow-Felde kennengelernt und auch hier vorzufinden gehofft hatte, zwei ramponierte Mörser vorfand, von denen bei einem die Mündung durch ein Geschoß niedergedrückt war und der andere auf den Splittern einer zertrümmerten Plattform stand; wie er bis zum Morgen keine Arbeiter zur Ausbesserung der Plattform auftreiben konnte; wie das Gewicht keines einzigen Geschosses mit den Angaben des „Leitfadens“ übereinstimmte; wie zwei Soldaten seines Kommandos verwundet wurden und wie er selbst an die zwanzigmal nur um ein Haar dem Tode entging. Glücklicherweise wurde ihm als Konstabelsmaat ein hünenhafter Matrose zugeteilt, der seit Beginn der Belagerung bei den Mörsern beschäftigt war und ihm versicherte, daß sie noch gebrauchsfähig seien, der ihn dann des Nachts mit einer Laterne so gelassen auf der ganzen Bastion herumführte, als ginge er zu Hause durch seinen Gemüsegarten, und ihm versprach, bis zum Morgen alles in Ordnung zu bringen. Die Blindage, zu der ihn sein Begleiter führte, bestand aus einer länglichen, zwei Kubiksashen großen Grube, die in dem steinigen Boden ausgeworfen und von oben mit arschindicken Eichenstämmen gedeckt war. Hier ließ er sich zusammen mit seinem ganzen Trupp nieder. Sobald Wlang die nur einen Arschin hohe Tür der Blindage erblickt hatte, war er allen voran schnurstracks hineingelaufen und hatte sich, auf dem steinigen Boden beinahe Hals und Beine brechend, in einen Winkel verkrochen, aus dem er dann nicht mehr hervorkam. Nachdem alle Soldaten längs der Wände Platz gefunden und zum Teil ihre Pfeifen in Brand gesetzt hatten, schlug Wolodja sein Bett in einer Ecke auf, zündete eine Kerze an, nahm eine Zigarette und legte sich aufs Bett. Über der Blindage waren unausgesetzt Schüsse zu hören, allerdings nicht sehr laute, ausgenommen diejenigen aus einer in nächster Nähe stehenden Kanone, durch die die Blindage so erschüttert wurde, daß von der Decke Erde herunterrieselte. Im Innern der Blindage hingegen herrschte Stille. Die Soldaten, die in Gegenwart des neuen Offiziers noch befangen waren, tauschten nur hin und wieder ein paar Worte aus, wenn einer den anderen bat, ein wenig zur Seite zu rücken, oder sich Feuer für seine Pfeife geben ließ; irgendwo zwischen den Steinen hörte man eine Ratte wühlen, oder Wlang, der seine Fassung noch nicht wiedergewonnen hatte und sich dauernd scheu nach allen Seiten umsah, stieß plötzlich einen lauten Seufzer aus. Während Wolodja in der Ecke des von Menschen überfüllten und nur von einer einzigen Kerze erleuchteten Raumes auf seinem Bett lag, ergriff ihn ein ähnlich wohliges Gefühl, wie er es einst als Kind empfunden hatte, wenn er sich beim Versteckspiel in einem Schrank oder unter dem Rock seiner Mutter verkrochen, mit angehaltenem Atem gelauscht, die Dunkelheit gefürchtet und einen eigentümlichen Reiz daran gefunden hatte. Es war ihm ein wenig unheimlich, aber zugleich fröhlich zumute.

XXII

Nach zehn Minuten legten die Soldaten ihre Befangenheit allmählich ab und begannen sich miteinander zu unterhalten. Am nächsten bei dem Lichtschein und dem Bett des Offiziers hatten sich die Leute in etwas gehobener Stellung niedergelassen– zwei Feuerwerker, von denen der eine, ein alter, grauhaariger Mann, bereits sämtliche Medaillen und Auszeichnungen, mit Ausnahme des Georgskreuzes, besaß und der andere, ein Kantonist, noch jung war und selbstgedrehte Zigaretten rauchte. Der Trommler hatte wie gewöhnlich die Betreuung des Offiziers übernommen. Hinter diesen saßen die Bombardiere sowie die mit Orden ausgezeichneten Soldaten, und noch weiter hinten, im Halbdunkel neben dem Eingang, hatten sich die „Untergebenen" gruppiert. Sie begannen als erste ein Gespräch. Den Anlaß dazu bot ein Soldat, der mit Gepolter in die Blindage gestürzt kam.

„Na, Bruder, hast du es draußen nicht mehr ausgehalten? Ist es denn nicht schön, wie die Mädels singen?" fragte einer der Soldaten.

„So seltsame Lieder singen sie, wie man's im Dorf nie zu hören gekriegt hat", antwortete der Hinzugekommene lachend.

„Nein, die Bomben kann Wassin nicht ausstehen, ganz und gar nicht ausstehen", bemerkte jemand aus der aristokratischen Ecke.

„Na, wenn's drauf ankommt, sieht die Sache ganz anders aus", sagte der in gedehntem Ton sprechende Wassin, bei dessen Worten alle anderen stets aufhorchten. „Am Vierundzwanzigsten, da haben wir wenigstens zurückgefeuert; aber so, wie es jetzt ist, kann man in dem Dreck hier sinnlos draufgehen, ohne daß die Obrigkeit jemandem dafür Dank sagen wird."

Bei diesen Worten Wassins brachen alle in Gelächter aus.

„Melnikow sitzt wohl immer noch draußen", sagte jemand.

„Ja, schickt ihn mal herein, den Melnikow", fügte der alte Feuerwerker hinzu. „Sonst kommt er wirklich noch für nichts und wieder nichts ums Leben."

„Wer ist dieser Melnikow?" erkundigte sich Wolodja.

„Ach, so ein blöder Soldat in unserer Truppe, Euer Wohlgeboren. Es gibt nichts, wovor er Angst hat, und da schlendert er nun dauernd draußen herum. Belieben Sie, ihn sich mal anzusehen: Wie ein richtiger Bär sieht er aus."

„Er kennt einen Zauberspruch", ertönte aus der anderen Ecke die gedehnte Stimme Wassins.

Melnikow betrat die Blindage. Er war dick (was bei Soldaten höchst selten vorkommt), rothaarig und hatte ein rotes Gesicht mit mächtiger gewölbter Stirn und vorstehenden blauen Augen.

„Fürchtest du denn nicht die Bomben?" fragte Wolodja.

„Warum soll ich mich vor den Bomben fürchten?" antwortete Melnikow achselzuckend und kratzte sich. „Mich wird keine Bombe umbringen, das weiß ich."

„Möchtest du denn dauernd auf der Bastion bleiben?"

„Natürlich möchte ich das. Hier ist es lustig", antwortete er und brach plötzlich in Gelächter aus.

„Nun, dann sollte man dich doch mal zu einem Ausfall mitnehmen. Willst du, daß ich es dem General sage?" fragte Wolodja, obgleich er hier keinen einzigen General kannte.

„Wie sollte ich es nicht wollen? Natürlich doch!"

Und Melnikow verkroch sich hinter den übrigen.

„Wollen wir Nasenstüber spielen, Kinder? Wer hat Karten mit?" hörte man seine sich überstürzende Stimme.

In der hinteren Ecke kam auch wirklich bald ein Spiel zustande: Man hörte Schläge auf die Nase, Gelächter, das Ausrufen von Trümpfen. Wolodja, für den der Trommler den Samowar in Gang gebracht hatte, trank Tee, bewirtete die Feuerwerker, scherzte und unterhielt sich mit ihnen; er wollte sich bei den Soldaten beliebt machen und freute sich sehr über die Achtung, die ihm entgegengebracht wurde. Die Soldaten ihrerseits gingen, nachdem sie bemerkt hatten, daß der Offizier nicht stolz war, ebenfalls aus sich heraus. Einer erzählte, daß die Belagerung von Sewastopol, wie ihm ein zuverlässiger Matrose gesagt habe, bald beendet sein werde, weil Konstantin, des Zaren Bruder, mit der „merikanischen" Flotte zur Befreiung unterwegs sei, daß außerdem bald eine Vereinbarung getroffen werden solle, zwei Wochen lang nicht zu schießen und Erholung zu geben, und daß jemand, der dennoch schießen würde, für jeden Schuß fünfundsiebzig Kopeken Strafe zu zahlen hätte.

Wassin, den sich Wolodja inzwischen genauer angesehen hatte, ein Mann von kleinem Wuchs, mit großen gutmütigen Augen und stattlichem Backenbart, erzählte unter anfänglichem Schweigen und nachfolgendem allgemeinem Gelächter davon, wie er auf Urlaub nach Hause gekommen sei: Zuerst hätten sich alle gefreut, dann aber sei er vom Vater zur Arbeit geschickt worden; und der Forstmeister habe seine Frau täglich in einem Wagen abholen lassen. Alles dies bereitete Wolodja großes Vergnügen. Er verspürte jetzt nicht im geringsten Angst oder Unbehagen in der Enge und der stickigen Luft der Blindage, sondern fühlte sich ungemein wohl und erleichtert.

Viele der Soldaten schnarchten bereits. Auch Wlang hatte sich auf dem Fußboden ausgestreckt, und der alte Feuerwerker, der zum Schlafen seinen Mantel ausgebreitet hatte, war gerade dabei, sich zu bekreuzigen und sein Nachtgebet zu murmeln, als Wolodja auf den Gedanken kam, einmal hinauszugehen und sich draußen umzusehen.

„Die Beine weg!" riefen die Soldaten einander zu, sobald er aufgestanden war; und jeder zog seine Beine ein, um ihm Platz zu machen.

Wlang, der scheinbar schon eingeschlafen war, hob auf einmal den Kopf und hielt Wolodja am Mantelsaum fest.

„Um Himmels willen, gehen Sie nicht hinaus!" redete er in

weinerlich-inständigem Ton auf Wolodja ein. „Sie kennen das noch nicht, dort gehen unausgesetzt Geschosse nieder; hier ist es sicherer …“

Doch ungeachtet aller Bitten Wlangs verließ Wolodja die Blindage und setzte sich auf die Türschwelle, auf der schon Melnikow saß, der gerade seine Fußlappen neu wickelte.

Die Luft war rein und frisch, was man besonders nach dem Aufenthalt in der Blindage empfand; es war eine klare, windstille Nacht. Zwischen dem Dröhnen der Schüsse hörte man das Rädergerassel der Wagen, die neue Schanzkörbe brachten, sowie die Stimmen der im Pulverbunker arbeitenden Leute. Hoch oben wölbte sich der Sternenhimmel, an dem die Bomben unaufhörlich ihre feurige Bahn zogen; linker Hand führte eine kleine, etwa einen Arschin breite Öffnung (durch die man Beine und Rücken der dort hausenden Matrosen sah und ihre trunkenen Stimmen hörte), in eine andere Blindage; geradeaus zeichnete sich die Erhöhung des Pulverbunkers ab, an der in gebückter Haltung menschliche Gestalten vorüberhuschten, während oben auf ihr, umschwirrt von den hier pausenlos vorüberfliegenden Kugeln und Bomben eine hohe Gestalt in schwarzem Mantel stand und, die Hände in den Taschen, mit den Füßen die Erde feststampfte, die von den Leuten hinaufgebracht wurde. Oftmals explodierte eine herbeifliegende Bombe in unmittelbarer Nähe des Bunkers. Die Soldaten, die die Erde trugen, bückten sich oder wichen zur Seite aus; die schwarze Gestalt hingegen rührte sich nicht, stampfte mit den Füßen ruhig weiter auf die Erde und blieb stets in unveränderter Haltung stehen.

„Wer ist die schwarze Gestalt dort?“ wandte sich Wolodja an Melnikow.

„Das weiß ich nicht; ich werde mal nachsehen.“

„Nein, bleib hier, es ist nicht nötig.“

Doch Melnikow ließ sich nicht halten; er stand auf und begab sich zu der schwarzen Gestalt, neben der er dann ziemlich lange, ebenso gleichmütig und unbeweglich, auf der Erhöhung stehenblieb.

„Es ist der Bunkeraufseher, Euer Wohlgeboren“, berichtete er, als er dann zurückkam. „Eine Bombe hat das Bunkerdach durchschlagen, da bringen die Infanteristen Erde an.“

Hin und wieder schien es, als flöge eine Bombe unmittelbar auf die Tür der Blindage zu. Dann zog Wolodja sich hinter eine Ecke zurück, beugte sich aber wieder vor, um zu sehen, ob noch weiter Bomben geflogen kamen. Obwohl Wlang ihn von der Blindage aus mehrmals beschwor, wieder hereinzukommen, blieb Wolodja drei Stunden lang auf der Schwelle sitzen; es bereitete ihm einen gewissen Genuß, das Schicksal auf die Probe zu stellen und den Flug der Bomben zu beobachten. Gegen Ende des Abends hatte er schon herausbekommen, wie viele Geschütze von den einzelnen Standorten feuerten und wohin ihre Geschosse zu fallen pflegten.

XXIII

Am nächsten Tage, dem Siebenundzwanzigsten, trat Wolodja nach zehnstündigem Schlaf frühmorgens frisch und munter vor die Schwelle der Blindage. Wlang hatte sich zugleich mit ihm hinausgewagt, aber bei dem ersten Pfiff einer Kugel machte er schnurstracks kehrt und stürzte unter dem Gelächter der zum größten Teil ebenfalls ins Freie hinausgetretenen Soldaten Hals über Kopf in die Blindage zurück. Lediglich Wlassin, der alte Feuerwerker und ein paar andere Soldaten begaben sich nur selten in die Gräben; die übrigen waren nicht zurückzuhalten, sondern strömten aus der stickigen Blindage in die frische Morgenluft hinaus und lagerten sich ungeachtet des mit unverminderter Heftigkeit anhaltenden Bombardements teils vor der Schwelle, teils im Schutze der Brustwehr. Melnikow stolzierte bereits seit der Morgendämmerung an den Batterien herum und blickte ab und zu gleichmütig zum Himmel hinauf.

Vor dem Eingang saßen zwei alte und ein junger kraushaariger Soldat – wohl ein Jude, seinem Äußeren nach zu urteilen. Er hob eine der auf dem Boden herumliegenden Bleikugeln auf, schlug sie mit einem Granatsplitter auf einem Stein platt und begann mit einem Messer ein Kreuz in der Art des Georgskreuzes auszuschneiden; die beiden anderen unterhielten sich und beobachteten ihn bei seiner Arbeit. Das Kreuz gelang ihm wirklich sehr schön.

„Wenn wir hier noch eine Zeitlang bleiben", sagte der eine Soldat, „dann ist bei Friedensschluß für uns alle die Entlassung fällig."

„Natürlich! Bis zu meiner Entlassung waren es sowieso nur noch vier Jahre, und jetzt bin ich schon fünf Monate in Sewastopol."

„Für die Entlassung zählt das nicht, heißt es", sagte der andere.

In diesem Augenblick flog pfeifend eine Kugel über sie hinweg und schlug einen Arschin weit von Melnikow ein, der aus dem Graben auf sie zukam.

„Beinahe hätte sie Melnikow den Garaus gemacht", sagte der eine Soldat.

„Mir macht keine den Garaus", erwiderte Melnikow.

„Hier hast du einen Orden für deine Tapferkeit", sagte der junge Soldat, der das Kreuz ausgeschnitten hatte, und reichte es Melnikow.

„Nein, Bruder, hier rechnet jeder Monat für ein ganzes Jahr, darüber ist ein Befehl herausgekommen", wurde das abgebrochene Gespräch wieder aufgenommen.

„So oder so, nach Friedensschluß wird der Zar in Warschau eine Truppenschau abhalten, und wer da nicht entlassen wird, der wird einen Urlaubspaß ohne Frist bekommen."

Da ertönte unmittelbar über ihren Köpfen der vibrierende Pfiff einer irgendwo abgeprallten Kugel, die über sie hinwegflog und auf einen Stein aufschlug.

„Sieh zu, daß du nicht noch vor dem Abend einen Urlaubspaß fürs Jenseits kriegst", bemerkte einer der Soldaten.

Alle lachten. Aber es dauerte gar nicht erst bis zum Abend, sondern schon nach zwei Stunden hatten zwei von ihnen ihren Urlaubspaß für das Jenseits, und fünf weitere waren verwundet worden; doch die übrigen scherzten unverdrossen weiter.

Am Morgen waren die beiden Mörser tatsächlich wieder so weit in Ordnung gebracht, daß man mit ihnen schießen konnte. Gegen zehn Uhr ließ Wolodja gemäß dem ihm vom Chef der Bastion erteilten Befehl seinen Trupp antreten und begab sich mit ihm zusammen zur Batterie.

Sobald die Leute sich an ihre Arbeit machten, war von der

Angst, die man ihnen gestern angemerkt hatte, keine Spur mehr übriggeblieben. Einzig Wlang konnte seine Furcht nicht überwinden und verkroch und duckte sich nach wie vor; auch Wassin verlor seine Ruhe, hastete und hockte sich alle Augenblicke nieder, Wolodja hingegen war in heller Begeisterung und dachte keinen Augenblick an die Gefahr. Die Freude darüber, daß er seine Pflicht erfüllte, daß er kein Feigling, sondern sogar tapfer war, das Bewußtsein, das Kommando zu führen, und die Gegenwart von zwanzig Menschen, die ihn, wie er wußte, aufmerksam beobachteten – all das trug dazu bei, ihn zu einem ganzen Mann zu machen. Er kokettierte sogar mit seiner Tapferkeit und wollte den Soldaten imponieren, indem er auf den Wall hinausstieg und mit Vorsatz seinen Mantel aufknöpfte, um noch mehr aufzufallen. Selbst der Chef der Bastion, der zu dieser Stunde durch seine „Wirtschaft“ ging, wie er sich auszudrükken pflegte, und der im Laufe von acht Monaten zur Genüge an alle möglichen Formen von Tapferkeit gewöhnt war, auch er konnte nicht umhin, mit Wohlgefallen auf diesen hübschen Jüngling zu blicken, der im offenen Mantel und in einem seinen zarten weißen Hals umschließenden roten Hemd mit erhitztem Gesicht und blitzenden Augen dastand, in die Hände klatschte und mit heller Stimme kommandierte: „Das erste! Das zweite!“, um dann fröhlich auf die Brustwehr zu eilen und zu sehen, wohin die Bomben seiner Geschütze gefallen waren. Um halb zwölf ließ das Feuer auf beiden Seiten nach, und genau um zwölf Uhr begann der Sturm auf den Malachow-Hügel und die zweite, dritte und fünfte Bastion.

XXIV

Diesseits der Bucht, zwischen Inkerman und der Nordseite, hielten sich um die Mittagszeit auf dem Telegraphenhügel zwei Offiziere auf, von denen der eine, ein Marineoffizier, durch ein Fernglas auf Sewastopol blickte, während der andere eben erst in Begleitung eines Kosaken an die große Signalstange herangeritten war.

Die Sonne stand hell und hoch über der Bucht, die mit ihren vor Anker liegenden Schiffen und den sich bewegenden Segeln und Booten von einem heiteren, warmen Glanz umspielt war. Ein leichter Windzug bewegte kaum merklich das verdorrte Laub des am Telegraphengebäude wuchernden Eichengebüschs, bauschte die Segel der Boote und kräuselte die Wellen. Sewastopol mit seinem unvollendeten Kirchenbau, der schlanken Säule, dem Kai, dem sich auf der Anhöhe grün abzeichnenden Boulevard und dem schmucken Bibliotheksgebäude, mit seinen hellblauen, von Masten angefüllten kleinen Buchten, den malerischen Bogen der Aquädukte und den blauen Wolken von Pulverrauch, die ab und zu glutrot vom Feuerschein der Schüsse beleuchtet wurden – dieses schöne, feierliche, stolze Sewastopol, zur einen Seite von gelben, rauchenden Bergen und zur anderen von dem tiefblauen, in der Sonne schillernden Meer eingefaßt, bot sich an der jenseitigen Küste der Bucht unverändert dem Auge dar. Am Horizont des Meeres, über dem sich der schwarze Rauchstreifen eines Dampfers abzeichnete, zogen längliche weiße Wolken hin und verhießen Wind. Längs der ganzen Linie der Befestigungen, namentlich linker Hand über den Bergen, erschienen unaufhörlich und oft mehrere zugleich, begleitet von selbst am hellichten Tage grell leuchtenden Blitzen, kleine geballte weiße Rauchwölkchen, sie wuchsen an und färbten sich dunkler, wenn sie zum Himmel aufstiegen. Diese Rauchwölkchen tauchten bald hier, bald dort über den Bergen, den feindlichen Batterien, der Stadt und hoch am Himmel auf. Die Detonationen verstummten keinen Augenblick und erschütterten, ineinander übergehend, die Luft …

Gegen zwölf Uhr mittags begannen die Rauchwölkchen immer seltener zu erscheinen, und die Luft wurde nicht mehr so stark von Geschützdonner erschüttert.

„Die zweite Bastion erwidert ja das Feuer gar nicht mehr", sagte der Husarenoffizier, der auf seinem Pferd sitzen geblieben war, „sie scheint völlig zerstört zu sein. Wie schrecklich!"

„Ja, und auch vom Malachow-Hügel erwidert man drei Schüsse merkwürdigerweise nur mit einem", antwortete der andere, der durch das Fernglas sah. „Das bringt mich um,

daß sie schweigen. Da ist schon wieder ein Treffer mitten in der Kornilow-Batterie gelandet, und von dort kommt nichts."

„Das liegt daran, wie ich schon gesagt habe, daß sie das Bombardement um zwölf immer einstellen. So ist es auch heute. Laß uns ruhig zurückreiten ..., man erwartet uns schon beim Frühstück. Es gibt doch nichts zu sehen."

„Warte, störe mich nicht!" antwortete der Offizier mit dem Fernglas, der mit erhöhter Spannung nach Sewastopol hinüberblickte.

„Was gibt es? Siehst du etwas?"

„Ja, von den Gräben her nähern sich dichte Kolonnen."

„Ja, man sieht es auch schon so, sie kommen in Massen", sagte der Marineoffizier. „Wir müssen ein Signal geben."

„Sieh nur! Sieh nur! Sie sind aus den Gräben herausgekommen."

Wirklich, man konnte jetzt mit bloßem Auge sehen, wie sich von den französischen Batterien zahllose dunkle Punkte den Berg hinab und durch die Schlucht auf unsere Bastionen zu bewegten. Ganz vorn zeichneten sich bereits geschlossene Reihen dieser Punkte dicht vor unseren Linien ab. Auf den Bastionen stiegen an verschiedenen Stellen kleine weiße Rauchwölkchen auf, die sich gleichsam sprungweise fortpflanzten. Der Wind übertrug den Schall eines heftigen Gewehrfeuers, das an Regengeprassel gegen Fensterscheiben erinnerte. Eingehüllt von Rauch, rückten die schwarzen Streifen immer näher und näher. Die Detonationen der Schüsse verstärkten sich immer mehr und gingen in ein anhaltendes rollendes Getöse über. Der immer häufiger aufsteigende Rauch breitete sich schnell über die ganze Front aus und verschmolz schließlich zu einer einzigen lila schimmernden, sich windenden und anwachsenden Wolke, in der die Feuerblitze und die schwarzen Punkte kaum noch zu sehen waren; alle Laute vereinigten sich zu einem einzigen dumpfen Dröhnen.

„Sie stürmen!" sagte der Offizier erbleichend und übergab das Fernrohr dem anderen.

Kosaken und berittene Offiziere sprengten über den Weg, und in einem Wagen fuhr, begleitet von seinem Gefolge, der Oberkommandierende vorüber.

„Es ist doch nicht denkbar, daß sie ihn genommen haben!“ sagte der eine Offizier.

„Wahrhaftiger Gott, eine Fahne! Sieh selbst, sieh selbst!“ erwiderte, nach Atem ringend, der andere und trat vom Fernrohr zurück. „Eine französische Fahne auf dem Malachow-Hügel!“

„Unmöglich!“

XXV

Koselzow der Ältere, der im Laufe der Nacht seinen Spielverlust ausgeglichen und dann aufs neue seine gesamte Barschaft einschließlich sogar der im Mantelaufschlag eingenähten Goldstücke verloren hatte, lag in der Festungskaserne der fünften Bastion gegen Morgen noch in unruhigem, doch tiefem Schlaf, als der unheilschwere, von verschiedenen Stimmen wiederholte Ruf ertönte: „Alarm!“

„Wachen Sie auf, Michailo Semjonytsch! Die Franzosen stürmen!“ rief ihm jemand zu.

„Das wird wohl irgendein Schuljunge gewesen sein“, sagte er und schlug, das Gehörte noch nicht recht glaubend, die Augen auf.

Doch nun fiel sein Blick auf einen Offizier, der mit bleichem, verstörtem Gesicht ohne sichtlichen Zweck aus einer Ecke in die andere lief, und ihm wurde alles klar. Der Gedanke, daß man ihn für einen Feigling halten könnte, der seine Kompanie im kritischen Augenblick im Stich ließ, erfüllte ihn mit Entsetzen. Er lief im Sturmschritt hinaus, um zu seinen Leuten zu stoßen. Der Geschützdonner hatte aufgehört, aber das Gewehrfeuer war in vollem Gange. Die Kugeln kamen nicht einzeln, wie aus Stutzbüchsen abgefeuert, sondern sie flogen wie ein herbstlicher Schwarm von Zugvögeln über die Köpfe hinweg. Der ganze Platz, den gestern das Bataillon eingenommen hatte, war in dichten Rauch gehüllt, aus dem ein Durcheinander von Ausrufen und Geschrei herausschallte. Ihm entgegen kamen in Massen sowohl verwundete als auch unverwundete Soldaten. Nachdem er noch etwa dreißig Schritte weitergelaufen war, stieß er auf eine sich an eine Mauer drückende Kompanie und erkannte das kreideweiße, verstörte Gesicht eines seiner Soldaten. Die Gesichter der anderen sahen ebenso aus.

Das Angstgefühl der Soldaten teilte sich unwillkürlich auch Koselzow mit, und es lief ihm kalt über den Rücken.

„Sie haben die Schwarz-Redoute“, sagte zähneklappernd ein junger Offizier. „Alles ist verloren!“

„Unsinn!“ erwiderte Koselzow wütend und zog, in dem Wunsche, sich selbst auf diese Weise anzufeuern, seinen kurzen, stumpfen eisernen Säbel und rief: „Vorwärts, Leute! Hurra!“

Seine kräftige, schallende Stimme brachte ihn in Schwung. Er lief längs der Traverse voran, und an die fünfzig Soldaten folgten ihm unter lauten Rufen nach. Als sie aus der Traverse ins Freie kamen, prasselten dort die Kugeln buchstäblich wie Hagel nieder. Zwei prallten gegen ihn; aber wo und inwieweit sie ihn verwundet hatten, ob sie ihn nur gestreift oder ins Fleisch eingedrungen waren, das festzustellen hatte er keine Zeit. Vor ihm waren in dem Rauch bereits blaue Uniformen und rote Hosen zu sehen und fremdsprachige Ausrufe zu hören; ein Franzose stand auf der Brustwehr, schwenkte seine Mütze und rief irgend etwas. Koselzow war überzeugt, daß er fallen würde, und gerade diese Überzeugung verlieh ihm Mut. Er stürmte unentwegt voran. Einige Soldaten überholten ihn, andere tauchten seitlich von ihm auf und liefen ebenfalls vorwärts. Die blauen Uniformen der vor ihm zu ihren Gräben zurückweichenden Franzosen hielten sich immer in der gleichen Entfernung, und er stolperte über Verwundete und Tote. Als er bereits den äußersten Graben erreicht hatte, verschwamm alles vor seinen Augen, und er verspürte Schmerzen in der Brust; er setzte sich hinter dem Wall nieder und sah nun zu seiner unbeschreiblichen Freude durch eine Schießscharte, daß die blauen Uniformen in ungeordneten Massen zu ihren Gräben zurückfluteten und daß über das ganze Feld verstreut Tote lagen und Verwundete in blauen Uniformröcken und roten Hosen mühsam weiterkrochen.

Eine halbe Stunde später lag er auf einer neben der Nikolai-Kaserne abgesetzten Tragbahre; er wußte, daß er verwundet war, empfand aber kaum Schmerzen und hatte lediglich das Bedürfnis, etwas Kaltes zu trinken und sich bequemer hinzulegen.

Der Arzt, ein kleiner, dicker Mann mit starkem schwarzem Backenbart, trat an ihn heran und knöpfte ihm den Mantel auf. Koselzow beobachtete über das Kinn hinweg das Gesicht des Arztes und was dieser mit seiner Wunde vornahm, ohne die geringsten Schmerzen zu spüren. Der Arzt bedeckt die Wunde mit dem Hemd, wischte sich die Hände am Rand seines Mantels ab und ging wortlos, ohne den Verwundeten anzusehen, zu einem anderen hinüber. Unbewußt verfolgte Koselzow mit den Augen alles, was um ihn herum vor sich ging.

Als er sich der Ereignisse auf der fünften Bastion erinnerte, empfand er ein unsagbar beglückendes Gefühl bei dem Gedanken, daß er vorbildlich seine Pflicht erfüllt und zum erstenmal während seiner ganzen Dienstzeit sein bestmögliches hergegeben habe, so daß er sich keinerlei Vorwürfe zu machen brauche. Während der Arzt einem anderen verwundeten Offizier einen Verband anlegte, sagte er, auf Koselzow deutend, irgend etwas zu dem rotbärtigen Priester, der mit einem Kreuz in der Hand in der Nähe stand.

„Muß ich denn sterben?“ fragte Koselzow den Priester, als dieser zu ihm trat.

Der Priester überging die Frage, sprach ein Gebet und reichte dem Verwundeten das Kreuz.

Der Tod schreckte Koselzow nicht. Er nahm mit zitternden Händen das Kreuz, drückte es an seine Lippen und weinte.

„Sind die Franzosen überall zurückgeschlagen?“ fragte er mit fester Stimme den Priester.

„Wir haben auf der ganzen Linie gesiegt“, antwortete der Priester in ukrainischer Mundart und verschwieg, um den Verwundeten nicht zu betrüben, daß auf dem Malachow-Hügel bereits die französische Fahne flatterte.

„Gott sei Dank, Gott sei Dank!“ murmelte der Verwundete, ohne zu fühlen, wie ihm die Tränen über die Wangen rannen, und empfand eine unbeschreibliche Glückseligkeit in dem Bewußtsein, eine heldenmütige Tat vollbracht zu haben.

Einen Augenblick ging ihm der Gedanke an seinen Bruder durch den Kopf. Gebe Gott ihm ein ebensolches Glück! dachte er.

XXVI

Wolodjas harrte indessen ein anderes Schicksal. Er hörte gerade einem Märchen zu, das ihm Wassin erzählte, als der Ruf ertönte: „Die Franzosen kommen!" Alles Blut strömte sofort seinem Herzen zu, und er fühlte, wie er erblaßte und seine Wangen kalt wurden.

Einen Augenblick blieb er regungslos stehen; doch als er dann um sich blickte, sah er, daß die nacheinander hervorkommenden Soldaten ziemlich gelassen ihre Mäntel zuknöpften, wobei einer von ihnen – wohl Melnikow – sogar scherzte: „Geht ihnen mit Brot und Salz entgegen, Kinder!"

Wolodja verließ die Blindage zusammen mit Wlang, der keinen Schritt von seiner Seite wich, und lief zur Batterie. Das Artilleriefeuer war von beiden Seiten gänzlich eingestellt. Noch mehr als die äußerliche Ruhe der Soldaten wirkte die erbärmliche, unverhehlte Ängstlichkeit des Junkers anfeuernd auf den Mut Wolodjas. Ist es denn möglich, daß ich ihm ähnlich sein könnte! dachte er und lief frohen Muts zu der Brustwehr hinüber, an der seine kleinen Mörser standen. Er konnte von hier aus deutlich sehen, wie die Franzosen über das freie Feld auf die Bastionen zu gestürmt kamen und wie sich ihre Kolonnen mit in der Sonne glänzenden Bajonetten in den nächstliegenden Gräben fortbewegten. Einer von ihnen, ein kleiner, breitschultriger Mann in Zuavenuniform, sprang mit geschwungenem Degen über die Gräben und lief den anderen voran. „Feuer mit Kartätschen!" rief Wolodja und sprang vom Wall herunter. Aber die Soldaten waren seinem Befehl schon zuvorgekommen, und über seinem Kopf erklang das metallene Pfeifen der zuerst aus dem einen und dann aus dem zweiten Geschütz abgefeuerten Kartätschen. „Das erste! Das zweite!" kommandierte Wolodja und lief, keinen Augenblick an die Gefahr denkend, durch den Rauch von einem Mörser zum anderen. Seitwärts hörte man in nächster Nähe das Gewehrfeuer unserer in Deckung liegenden Truppe und aufgeregte Rufe.

Plötzlich ertönte links von ihm ein entsetzter, gleich von mehreren Stimmen aufgegriffener Ruf: „Sie umgehen uns! Sie umgehen uns!“ Wolodja sah sich in Richtung der Rufe um. Hinter ihm kamen etwa zwanzig Franzosen herangelaufen. Einer von ihnen, ein gutaussehender, schwarzbärtiger Mann in rotem Fes, der den anderen vorauslief, blieb, als er sich der Batterie bis auf zehn Schritt genähert hatte, einen Moment stehen, gab einen Schuß ab und stürmte dann weiter vor. Einen Moment war Wolodja wie versteinert und traute seinen Augen nicht. Als er sich faßte und um sich blickte, wimmelte es auf dem Wall von blauen Uniformen, und ein Franzose war sogar herübergesprungen und gerade im Begriff, eine der Kanonen zu verstopfen. Außer Melnikow, den eine Kugel neben ihm niedergestreckt hatte, und Wlang, der plötzlich eine Spake ergriff und mit grimmiger Miene und gesenkten Augen vorwärtsstürmte, war von seinen Leuten niemand mehr da. „Mir nach, Wladimir Semjonytsch! Mir nach! Wir sind verloren!“ schrie Wlang verzweifelt und schwenkte die Spake gegen die von hinten eingedrungenen Franzosen. Die wilde Erscheinung des Junkers machte diese stutzig. Nachdem er dem einen, der am weitesten vorgedrungen war, einen Hieb auf den Kopf versetzt hatte und die anderen einen Augenblick zaudernd stehengeblieben waren, lief Wlang, sich immer wieder umsehend und verzweifelt schreiend: „Mir nach, Wladimir Semjonytsch! Worauf warten Sie? Kommen Sie doch!“, auf den Graben zu, in dem unsere Infanterie lag und die Franzosen beschoß. Als er in den Graben gesprungen war, steckte er noch einmal den Kopf heraus, um zu sehen, was mit seinem vergötterten Fähnrich war. An der Stelle, wo Wolodja vorher gestanden hatte, lag, im Mantel, mit dem Gesicht nach unten, eine dunkle Gestalt, und das ganze Gelände war bereits von Truppen besetzt, die schießend gegen unsere Truppen vordrangen.

XXVII

Wlang fand seine Batterie auf der zweiten Verteidigungslinie. Von den zwanzig Soldaten, die auf der Mörserbatterie gewesen waren, hatten sich nur acht gerettet.

Gegen neun Uhr abends trat Wlang mit seiner Batterie auf einem mit Soldaten, Geschützen, Pferden und Verwundeten angefüllten Dampfer die Überfahrt zur Nordseite an. Geschossen wurde nirgends mehr. Die Sterne leuchteten ebenso hell am Himmel wie in der Nacht zuvor, aber das Meer war von einem starken Wind bewegt. Auf der ersten und zweiten Bastion flammten zu ebener Erde Blitze auf; Explosionen erschütterten die Luft und beleuchteten in ihrem Umkreis alle möglichen in die Höhe fliegenden dunklen Gegenstände und Steine. Neben den Docks war ein Feuer ausgebrochen, dessen Flammen sich rötlich im Wasser spiegelten. Die dicht mit Menschen besetzte Brücke war von einem Feuerschein erhellt, der von der Nikolai-Batterie herüberfiel. Weiter entfernt flackerte über dem Wasser eine große, anscheinend von der Landzunge der Alexander-Batterie ausgehende Flamme, die die Unterschicht des über ihr schwebenden Rauches beleuchtete, und in der Ferne glitzerten auf dem Meer ebenso ruhig und herausfordernd wie gestern die Lichter der feindlichen Flotte. Ein frischer Wind bewegte die Bucht. Im Schein der Brände sah man die Masten unserer untergehenden Schiffe, die langsam immer tiefer und tiefer im Wasser versanken. Auf dem Deck des Dampfers wurden nirgends Gespräche geführt; bei dem gleichmäßigen Plätschern der durchschnittenen Wellen und dem Auspuffen des Dampfes hörte man nur das Schnaufen der Pferde und ihr Stampfen, die Kommandorufe des Kapitäns und das Stöhnen der Verwundeten. Wlang, der den ganzen Tag nichts gegessen hatte, nahm ein Stück Brot aus der Tasche und begann zu essen, schluchzte jedoch, als er sich dabei Wolodjas erinnerte, so laut auf, daß die in der Nähe befindlichen Soldaten aufmerksam wurden.

„Seht mal, da ißt er sein Brot und weint, unser Wlanga", sagte Wassin.

„Komisch!" bemerkte ein anderer. – „Seht nur, auch unsere Kasernen haben sie in Brand gesteckt", fuhr er seufzend fort. „Wie viele von unseren Leuten sind dort umgekommen, und der Franzose hat alles mit einem Schlag gekriegt."

„Wenigstens sind wir selber mit dem Leben davongekommen; auch dafür müssen wir Gott danken", meinte Wassin.

„Aber es ist doch ärgerlich."

„Warum ärgerlich? Wird er denn dort Fuß fassen? Das ist unmöglich! Paß nur auf, wir erobern alles zurück. So viele auch umgekommen sind von unseren Brüdern, aber so wahr Gott lebt, wenn der Zar es befiehlt, erobern wir alles zurück. Werden wir ihn denn dort lassen? Das ist unmöglich! Vorläufig hat er die kahlen Mauern, und die Schanzen sind alle gesprengt. Auf dem Hügel hat er wohl sein Fähnchen gehißt, aber in die Stadt hinein traut er sich nicht. Warte nur, laß uns bloß Zeit, die richtige Abrechnung mit dir kommt noch!" wandte er sich abschließend an die Franzosen.

„Natürlich kommt sie noch", pflichtete der andere im Ton der Überzeugung bei.

Auf der ganzen Linie der Sewastopoler Bastionen, auf denen so viele Monate hindurch ein ungewöhnlich intensives Leben pulsiert hatte, auf denen nacheinander so viele Helden ihr Leben gelassen und durch andere abgelöst worden waren und die während all dieser Monate den Schrecken, den Haß und schließlich die Bewunderung der Feinde erregt hatten – auf den Sewastopoler Bastionen war jetzt nirgends mehr ein menschliches Wesen zu sehen. Auf ihnen war alles ausgestorben, verwüstet und schreckenerregend, keineswegs jedoch still: Die Zerstörungen nahmen ihren Fortgang. Auf der immer wieder von Explosionen aufgewühlten Erde lagen überall zertrümmerte Lafetten, zwischen denen Leichen russischer und feindlicher Krieger eingeklemmt waren, lagen schwere, gußeiserne, für immer verstummte Kanonen, die mit ungeheurer Gewalt in die Gräben geschleudert worden und bis zur Hälfte mit Erde verschüttet waren, sah man überall Erdlöcher, Bomben, Kugeln, abermals Leichen, Balkensplitter, zerstörte Blindagen und dazwischen immer wieder stumme Leichen in grauen und blauen Soldatenmänteln. Alles ringsum erbebte alle Augenblicke und wurde von dem Feuerschein der Explosionen, die immer noch die Luft erschütterten, in ein glutrotes Licht getaucht.

Die Feinde sahen, daß sich in dem unheimlichen Sewastopol unerklärliche Vorgänge abspielten. Die Explosionen und die Totenstille auf den Bastionen versetzten sie in Erregung; doch eingedenk des harten, unbeirrbaren Widerstandes, dem sie am Tage begegnet waren, wagten sie noch nicht an den Abzug ihres standhaften Feindes zu glauben und sahen wortlos, ohne sich zu rühren, mit Bangen dem Ende der finsteren Nacht entgegen.

Das Heer von Sewastopol bewegte sich gleich einem in stürmischer, dunkler Nacht wogenden Meer, sich verschmelzend, wieder auseinanderflutend und in seiner ganzen Masse unruhig bebend, an der Küste entlang und über die zur Nordbucht führende Brücke durch die undurchdringliche Finsternis langsam von der Stätte weg, an der es so viele tapfere Brüder zurückgelassen hatte, von der Stätte, die ganz von seinem Blut durchtränkt war, an der es elf Monate lang einem doppelt so starken Feind widerstanden hatte und die es nun befehlsgemäß kampflos räumen mußte.

Der erste Eindruck dieses Befehls war für jeden Russen unsagbar bedrückend. Hinzu kam die Furcht, verfolgt zu werden. Die Leute fühlten sich schutzlos, sobald sie das Gelände verlassen hatten, auf dem sie zu kämpfen gewohnt waren, und drängten sich in der Finsternis aufgeregt vor dem Zugang der unter starken Windstößen schwankenden Brücke. Hier stauten sich, mit den Bajonetten zusammenstoßend, ganze Infanterieregimenter, Landsturmformationen und Fuhrwerke; berittene Offiziere mit Befehlen bahnten sich einen Weg durch die Menge, Einwohner und Offiziersburschen mit Gepäck, denen man den Zutritt zur Brücke verwehrte, jammerten und flehten, und mit lautem Rädergerassel kämpfte sich die Artillerie, die darauf bedacht war, sich schnell in Sicherheit zu bringen, zur Bucht durch. Obwohl alle von verschiedenartigen kleinen Sorgen in Anspruch genommen waren, erzeugte der Selbsterhaltungstrieb im Herzen eines jeden den Wunsch, so schnell wie irgend möglich dieser grauenvollen Stätte des Todes zu entkommen. Von diesem Verlangen waren alle beherrscht: der zu Tode verwundete Soldat, der unter fünfhundert anderen ebenso schwer verwundeten Soldaten auf den Steinen des Paul-Kais lag und Gott um den Tod anflehte; der Landsturmmann, der sich unter Aufbietung seiner letzten Kraft in die dichte Menge drückte, um einem vorüberreitenden General auszuweichen; der General, der beim Überqueren der Bucht ein strenges Kommando führte und die sich überhastenden Soldaten zurückhielt; der Matrose, der in ein marschierendes Bataillon hineingeraten war und von der wogenden Menge fast zerdrückt wurde; der verwundete Offizier, der von den vier Matrosen, die ihn auf einer Tragbahre gebracht hatten, vor der Nikolai-Batterie auf die Erde gelegt wurde, weil die sich stauende Menge ihnen den Weg versperrte; der Artillerist, der nach sechzehnjährigem Dienst an seinem Geschütz dabei war, dieses auf einen ihm unbegreiflichen Befehl seines Vorgesetzten mit Hilfe von Kameraden vom steilen Ufer in die Bucht hinunterzustoßen, und die Seeleute, die eben ein Leck in den Rumpf der Schiffe geschlagen hatten und nun hastig rudernd von ihnen abstießen. Fast jeder Soldat, der die Brücke am anderen Ufer verließ, nahm die Mütze ab und bekreuzigte sich. Doch hinter diesem Gefühl barg sich ein anderes, bedrückendes, nagendes und tieferes, ein Gefühl, das auf einem Gemisch von Selbstvorwürfen, Scham und Verbitterung beruhte. Es gab kaum einen Soldaten, der, von der Nordseite auf das verlassene Sewastopol zurückblickend, nicht mit unaussprechlichem Gram im Herzen aufgeseufzt und eine Drohung gegen die Feinde ausgestoßen hätte.

Herr und Knecht

I

Es war im Winter, einen Tag nach St. Nikolaus. Im Kirchsprengel wurde der Feiertag festlich begangen, so daß Wassili Andrejitsch Brechunow, Herbergswirt und Kaufmann zweiter Gilde, unabkömmlich gewesen war: seine Anwesenheit in der Kirche war notwendig – er versah das Amt des Kirchenvorstehers –, und zu Hause mußten Verwandte und Bekannte empfangen und bewirtet werden. Doch nun, nachdem die letzten Gäste aufgebrochen waren, beabsichtigte Wassili Andrejitsch, unverzüglich zu einem benachbarten Gutsbesitzer zu fahren, um ein Stück Wald zu kaufen, dessentwegen er schon seit langem in Verhandlungen mit ihm stand. Wassili Andrejitsch wollte keine Zeit versäumen, damit ihm nicht Kaufleute aus der Stadt bei diesem vorteilhaften Kauf zuvorkämen. Der junge Gutsbesitzer forderte für den Wald wahrscheinlich nur deshalb zehntausend Rubel, weil er, Wassili Andrejitsch, bereits siebentausend geboten hatte. Siebentausend Rubel stellten indessen nur ein Drittel des wirklichen Wertes des Waldes dar. Vielleicht hätte Wassili Andrejitsch vom geforderten Preis noch etwas abhandeln können, da der Wald in seinem Bezirk lag und zwischen ihm und den übrigen ländlichen Kaufleuten des Kreises schon seit langem eine Übereinkunft bestand, der zufolge kein Kaufmann im Bezirk eines andern die Preise in die Höhe treiben sollte; doch war ihm jetzt zu Ohren gekommen, daß sich auch Holzhändler aus der Gouvernementshauptstadt um den Wald von Gorjatschkino bemühen wollten, und er hatte sich daraufhin entschlossen, sofort hinzufahren und den Kauf mit dem Gutsbesitzer endgültig abzuschließen. Unmittelbar nachdem der Festtagstrubel vorüber war, nahm er daher siebenhundert Rubel eigenes Geld aus der Kassette, fügte noch zweitausenddreihundert von den in seiner Verwahrung befindlichen Kirchengeldern hinzu, um rund dreitausend Rubel beisammen zu haben, steckte das ganze Geld

dann, nachdem er es nochmals sorgfältig gezählt hatte, in seine Brieftasche und machte sich reisefertig.

Der Knecht Nikita, der als einziger von Wassili Andrejitschs Gesinde an diesem Tage nüchtern war, lief in den Stall, um anzuspannen. Nikita war früher immer wieder einmal dem Trunk verfallen, aber nach den letzten Fastnachtsfeiern, bei denen er sein Wams und die Lederstiefel verjubelt hatte, hatte er sich geschworen, mit dem Trinken aufzuhören, und trank nun schon seit bald zwei Monaten nicht mehr. Auch diesmal, als während der ersten beiden Feiertage allenthalben viel gezecht wurde, hatte er der Versuchung beharrlich widerstanden.

Nikita war ein fünfzig Jahre alter Bauer und stammte aus einem Nachbardorf. Er stand im Ruf, nicht gut wirtschaften zu können, und hatte den größten Teil seines Lebens nicht zu Hause, sondern im Dienst anderer Leute zugebracht. Man schätzte ihn allgemein wegen seines Fleißes, seiner Geschicklichkeit sowie seiner Ausdauer bei der Arbeit und insbesondere wegen seiner gutmütigen, freundlichen Wesensart; doch war er nirgends seßhaft geworden, weil er sich zweimal im Jahr und mitunter auch noch öfter sinnlos betrank und dann nicht nur alles verjubelte, was er am Leibe hatte, sondern auch randalierte und Händel anzettelte. Auch Wassili Andrejitsch hatte ihn schon mehrmals an die Luft gesetzt, aber doch immer aufs neue eingestellt, da er große Stücke auf seine Redlichkeit und vor allem seine Liebe zu Tieren hielt und weil er eine billige Arbeitskraft an ihm hatte. Wassili Andrejitsch zahlte Nikita anstatt achtzig Rubel, wie es einem solchen Arbeiter zugestanden hätte, nur vierzig, die er ihm, ohne eine regelrechte Abrechnung vorzunehmen, in kleinen Raten aushändigte – und auch das zumeist nicht in bar, sondern zu hohen Preisen in Waren aus seinem Laden.

Marfa, Nikitas Frau, ehemals eine hübsche, lebenslustige Person, wirtschaftete zu Hause mit einem halbwüchsigen Sohn und zwei Töchtern. Sie bestand nicht auf Nikitas Teilnahme an der Hausgemeinschaft, weil sie erstens schon seit zwanzig Jahren mit einem Böttcher, einem Bauern aus einem entfernten Dorf, zusammenlebte, der bei ihnen im Hause wohnte, und zweitens, weil sie ihren Mann zwar scharf an der Kandare hielt, wenn er nüchtern war, ihn jedoch in trunkenem Zustand wie das Feuer fürchtete. Eines Tages hatte sich Nikita zu Hause einen Rausch angetrunken und – wahrscheinlich, um sich an seiner Frau für die ihm so lange aufgezwungene Unterwürfigkeit zu rächen – ihre Truhe aufgebrochen, ihren kostbarsten Putz herausgenommen und mit dem Beil auf dem Holzbock alle ihre Kleider und schmucken Tuniken in kleine Stücke zerhackt. Alles, was Nikita verdiente, wurde seiner Frau ausgehändigt, wogegen er auch keinen Einspruch erhob. So war Marfa auch eben erst, zwei Tage vor dem Feiertag, zu Wassili Andrejitsch gekommen und hatte sich von ihm weißes Mehl, Tee, Zucker und ein Achtel Branntwein im Gesamtwert von etwa drei Rubeln sowie fünf Rubel in bar geben lassen, wofür sie dann bei ihm wie für eine besondere Wohltätigkeit dankte, während Wassili Andrejitsch selbst bei Berechnung niedrigsten Lohnes zwanzig Rubel zu zahlen gehabt hätte.

„Haben wir beide denn vielleicht Verträge gemacht?“ pflegte Wassili Andrejitsch zu Nikita zu sagen. „Brauchst du was, dann laß es dir geben, du wirst es abarbeiten. Bei mir ist es nicht wie bei andern Leuten, die auf später vertrösten, mit Abrechnungen kommen und Strafen abziehen. Bei uns geht alles nach Treu und Glauben. Du arbeitest für mich, und ich sorge dafür, daß du nicht zu kurz kommst.“

Wenn Wassili Andrejitsch dies sagte, war er ehrlich überzeugt, Nikita ständig Wohltaten zu erweisen; er verstand es, sich so einleuchtend auszudrücken, und wurde, angefangen mit Nikita, durch alle von ihm materiell abhängigen Leute so in dieser Meinung bestärkt, daß er wirklich glaubte, niemanden zu übervorteilen, sondern allen nur Gutes anzutun.

„Ja, das verstehe ich, Wassili Andrejitsch, und auch ich arbeite und mühe mich ja für Euch ab wie für einen leiblichen Vater. Das verstehe ich sehr gut“, antwortete dann Nikita, der zwar genau wußte, daß er von Wassili Andrejitsch übers Ohr gehauen wurde, doch zugleich auch fühlte, daß es aussichtslos war, bei ihm auf eine klare Abrechnung zu dringen, und daß er, solange sich ihm keine andere Stelle bot, ausharren und mit dem zufrieden sein mußte, was er bekam.

Als Nikita jetzt von seinem Herrn den Befehl zum Anspannen erhielt, ging er, gutgelaunt und diensteifrig wie immer und mit seinen nach innen gekehrten Füßen flink und elastisch ausschreitend, in die Scheune, nahm das an einem Nagel hängende, mit einer Quaste verzierte, schwere lederne Zaumzeug und begab sich, mit den Ringen des Mundstücks klimpernd, zu dem Stall, in dem als einziges das von Wassili Andrejitsch zum Anspannen bestimmte Pferd stand.

„Na, hast es wohl schon langweilig gehabt, du Dummerchen?“ antwortete Nikita auf das schwache, begrüßende Gewieher Muchortys, eines gutgebauten mittelgroßen Hengstes mit leicht abfallenden Weichen und dunkelbraunen, an Kopf und Beinen gelb gesprenkeltem Fell, der in einem Einzelverschlag stand. „Nu, nu! Warte doch, laß uns zuerst zur Tränke gehn“, redete Nikita mit dem Pferd genauso wie mit einem alle Worte verstehenden Geschöpf. Nachdem er dem wohlgenährten und sorgfältig gepflegten Hengst vom Rükken, auf dem sich in der Mitte eine leichte Rille abzeichnete, mit einem Zipfel seiner Pelzjacke den Staub abgewischt hatte, zog er ihm das Zaumzeug über den schönen jungen Kopf, befreite ihm Ohren und Schopf und führte ihn zur Tränke.

Als Muchorty vorsichtig aus dem mit Mist überhäuften Verschlag herausgetreten war, begann er zu tänzeln und gab sich den Anschein, als wolle er mit dem Hinterbein nach dem auf dem Wege zum Brunnen im Trab neben ihm herlaufenden Nikita ausschlagen.

„Spiel nur, spiel nur, du Schelm!“ rief ihm Nikita zu, der schon wußte, wie vorsichtig Muchorty mit dem Hinterbein immer nur so weit ausstieß, daß er seinen speckigen Halbpelz berührte. Diese Laune des Hengstes hatte er besonders gern.

Nachdem sich Muchorty an dem kalten Wasser satt getrunken hatte, schöpfte er tief Atem, bewegte die kräftigen nassen Lippen, von denen an den Haaren klare Wassertropfen in den Trog rannen, blieb eine Weile wie in Gedanken versunken regungslos stehen und begann dann plötzlich laut zu schnauben.

„Willst du nicht mehr, dann laß es bleiben, mir soll’s recht sein; aber dann bitte auch nicht hinterher“, setzte Nikita dem Hengst in vollständig ernsthaftem Ton ausführlich sein Betragen auseinander und lief dann, das nach allen Seiten übermütig ausschlagende junge Pferd am Zügel hinter sich herziehend, zum Stall zurück.

Von den andern Knechten war niemand zugegen; nur ein fremder Bauer, der Mann der Köchin, fand sich vor, der zum Fest zu seiner Frau gekommen war.

„Geh zum Herrn, gute Seele", rief ihm Nikita zu, „und frage, welcher Schlitten angespannt werden soll, ob der große breite oder der kleine!"

Der Mann der Köchin ging in das mit Eisenplatten gedeckte, auf hohem Fundament stehende Haus und kehrte bald mit dem Bescheid zurück, daß der Herr den kleinen Schlitten anzuspannen befehle. Nikita, der dem Pferd inzwischen schon das Kumt und das mit kleinen Nägeln beschlagene Sattelzeug angelegt hatte, trat nun, in der einen Hand das gestrichene leichte Krummholz tragend und mit der andern das Pferd führend, an zwei unter dem Schutzdach stehende Schlitten heran.

„Soll's der kleine sein, dann nehmen wir eben den kleinen", sagte er, worauf er das kluge Pferd, das die ganze Zeit so tat, als wollte es ihn beißen, zwischen die Deichselstangen lenkte und mit Hilfe des Mannes der Köchin anzuspannen begann.

Als alles so weit fertig war, daß nur noch die Leine angebracht werden mußte, bat Nikita den Mann der Köchin, aus der Scheune Stroh und aus dem Speicher Sacktuch zu holen.

„So, das ist schön. Nu, nu, spreiz dich nicht so!" sagte Nikita, während er das vom Mann der Köchin gebrachte frisch gedroschene Haferstroh im Schlitten glattdrückte. „Und jetzt legen wir die Matte drüber und breiten dann von oben das Sacktuch aus. Ja, so ist's gut, so wird er bequem sitzen", sagte Nikita, der alles, was er tat, mit Erklärungen begleitete und nun das über das Stroh gelegte Sacktuch am Rande von allen Seiten unter den Sitz stopfte.

„Nun, hab Dank, gute Seele!" wandte er sich zum Schluß an den Mann der Köchin. „Zu zweien geht alles leichter." Nachdem er dann noch die an ihrem Ende durch einen Ring zusammengehaltenen Lederzügel geordnet hatte, setzte er sich seitlich auf den Bock und fuhr mit dem schon ungeduldig gewordenen braven Pferd über den hartgefrorenen Mist des Hofes auf das Tor zu.

„Onkel Nikita, Onkelchen, he, Onkelchen!" ertönte da hinter ihm die helle Stimme eines siebenjährigen Jungen, der in kurzem schwarzem Pelzmäntelchen, neuen weißen Filzstiefeln und warmer Mütze aus dem Hause gelaufen kam. „Nimm mich mit!" bat er und knöpfte im Laufen sein Mäntelchen zu.

„Nu, nu, dann komm schon, mein Täubchen", sagte Nikita und hielt den Schlitten an, ließ das schmächtige, blasse, jetzt aber vor Freude strahlenden Herrensöhnchen einsteigen und fuhr auf die Straße hinaus.

Die Uhr ging auf drei. Es war kalt – wohl an die zehn Grad Frost –, trübe und windig. Eine Hälfte des Himmels war von einer niedrigen dunklen Wolke bedeckt. Der Hof lag windgeschützt, aber auf der Straße machte sich der Wind mehr bemerkbar: er fegte den Schnee vom Dach der Nachbarscheune, und an der Ecke, vor dem Badehäuschen, wirbelte eine Schneewolke auf. Nikita war gerade durch das Tor gefahren und in Richtung auf den Hauseingang eingebogen, als auch schon Wassili Andrejitsch erschien. Eine Zigarette im Munde und angetan mit einem tuchbezogenen, unterhalb der Taille eng umgürteten Schafpelz, trat er auf die unter seinen mit Leder eingefaßten Filzstiefeln knarrende Terrasse heraus und blieb dort wartend stehen. Nachdem er mit einem Seitenblick auf das sich nähernde Pferd einen letzten Zug von seiner Zigarette gemacht hatte, warf er den Stummel fort, trat ihn aus und bog, zuvor den Rauch durch den Schnurrbart blasend, auf beiden Seiten seiner glattrasierten rosigen Wangen die Ecke des Pelzkragens nach innen, um das Fell nicht mit seinem Atem zu befeuchten.

„Sieh mal an, dieser Schlingel, er sitzt schon da!" sagte er, als er im Schlitten sein Söhnchen wahrnahm. Angeregt durch den Wein, den er mit seinen Gästen getrunken hatte, war Wassili Andrejitsch von allem, was er besaß und tat, noch mehr befriedigt als sonst. Der Anblick seines Sohnes, den er in Gedanken immer seinen Kronprinzen nannte, bereitete ihm jetzt großes Vergnügen; er kniff die Augen zusammen und lächelte, seine kräftigen Zähne entblößend, über das ganze Gesicht, als er zu ihm hinblickte.

Blaß und hager, den Kopf und die Schultern mit einem

wollenen Tuch umhüllt, stand hinter Wassili Andrejitsch im Flur seine schwangere Frau, um ihm das Geleit zu geben.

„Wirklich, du solltest Nikita mitnehmen“, sagte sie und trat zaghaft durch die Tür.

„Wassili Andrejitsch antwortete nichts auf ihre Worte, die ihm offensichtlich unangenehm waren, sondern zog nur finster die Brauen zusammen und spie aus.

„Du hast doch viel Geld bei dir“, fuhr seine Frau in demselben wehleidigen Ton fort. „Auch kann ein Unwetter aufkommen, wirklich, bei Gott.“

„Ja, kenne ich denn den Weg nicht, daß ich unbedingt einen Begleiter haben muß?“ sagte Wassili Andrejitsch mit einer unnatürlichen Anspannung der Lippen, die ihm gewöhnlich eigen war, wenn er mit Verkäufern oder Kunden verhandelte und dabei jede Silbe besonders deutlich aussprach.

„Nein, wirklich, nimm ihn doch mit, ich bitte dich im Namen Gottes!“ beharrte seine Frau und warf ihr Tuch über die andere Schulter.

„Du bist wahrhaftig wie eine Klette ... Was soll ich mit ihm?“

„Ich bin bereit, Wassili Andrejitsch“, mischte sich fröhlich Nikita ein. „Nur muß dann gesorgt werden, daß die Pferde ihr Futter bekommen, wenn ich nicht da bin“, fügte er, sich zur Hausfrau umwendend, hinzu.

„Ich werde dafür sorgen, Nikituschka, ich werde Semjon beauftragen“, sagte die Hausfrau.

„Wie ist es also, Wassili Andrejitsch, soll ich mitkommen?“ fragte Nikita erwartungsvoll.

„Na, da muß ich meiner Alten wohl den Gefallen tun. Aber wenn du mitkommst, dann geh erst mal und zieh dir einen wärmeren Staatsrock an“, erwiderte Wassili Andrejitsch, nun wieder lächelnd, und wies, ein Auge zusammenkneifend, mit dem Kopf auf Nikitas schon arg mitgenommenen, unter den Achseln und auf dem Rücken gerissenen, am Saum zerfransten und von oben bis unten verschmutzten und verfilzten Halbpelz.

„He, gute Seele, komm doch, halt mal das Pferd!“ rief Nikita über den Hof dem Mann der Köchin zu.

„Ich, ich kann es halten!“ rief mit dünner Stimme der

Junge und zog auch schon die rotgefrorenen kleinen Hände aus den Taschen, um nach dem kalten ledernen Zügel zu greifen.

„Aber sieh zu, daß du nicht zu lange damit zubringst, dich in Staat zu werfen, mach schnell!“ rief Wassili Andrejitsch mit einem spöttischen Lächeln Nikita nach.

„Ich bin im Nu fertig, Väterchen Wassili Andrejitsch!“ rief Nikita zurück, während er mit seinen nach innen gestellten Füßen in den geflickten, abgetragenen Filzstiefeln hurtig über den Hof auf das Gesindehaus zuging.

„Schnell, Arinuschka, gib mir meinen Mantel vom Ofen – ich muß mit dem Herrn mitfahren!“ rief er, als er in die Stube gestürzt kam, und nahm seinen Gurt von der Wand.

Die Köchin, die nach dem Essen geschlafen hatte und gerade dabei war, für ihren Mann den Samowar anzufachen, empfing Nikita gutgelaunt, und angesteckt von seiner Hast, entfaltete sie dieselbe Rührigkeit wie er, holte flink seinen alten, zerschlissenen Tuchmantel vom Ofen, der dort zum Trocknen aufgehängt war, schüttelte den Staub ab und strich ihn glatt.

„Na, jetzt wirst du mehr Platz haben, mit deinem Mann zu feiern“, bemerkte Nikita, der aus gutmütiger Höflichkeit immer etwas sagte, wenn er mit jemandem unter vier Augen war.

Als er sich nun den schmalen, zerschlissenen Gürtel umband, zog er den sowieso hageren Leib ein und strengte sich an, den Gürtel über der Pelzjacke so eng wie irgend möglich zusammenzubekommen.

„Ja, so ist's gut“, sagte er, indem er sich jetzt nicht mehr an die Köchin, sondern direkt an den Gürtel wandte und dessen Enden dabei unter den Knoten steckte. „So wirst du dich nicht lösen.“ Dann hob und senkte er die Schultern, um Bewegungsfreiheit für die Arme zu haben, zog über der Pelzjacke den Mantel an, spannte wieder den Rücken, damit die Arme nicht eingeengt waren, schob unter den Achseln die Ärmel hinauf und nahm vom Wandbrett seine Fausthandschuhe herunter. „So, fertig!“

„Du solltest anderes Schuhzeug anziehn, Stepanytsch“, sagte die Köchin. „Deine Stiefel sind ganz zerschlissen.“

Nikita blieb stehen und machte ein Gesicht, als sei ihm

etwas eingefallen.

„Ja, ich müßte wohl ... Na, es wird auch so gehn, es ist nicht weit!"

Und er lief auf den Hof hinaus.

„Wirst du nicht frieren, Nikituschka?" fragte die Hausfrau, als er am Schlitten anlangte.

„Woher denn frieren, mir ist ganz warm", antwortete Nikita. Dann ordnete er am vorderen Ende des Schlittens das Stroh, mit dem er sich die Füße bedecken wollte, und steckte die für das gefügige Pferd unnötige Peitsche darunter.

Wassili Andrejitsch, der bereits im Schlitten saß und mit seinem von zwei Pelzen aufgebauschten Rücken fast den ganzen gewölbten hinteren Teil des Schlittens ausfüllte, griff sofort nach dem Zügel und trieb das Pferd an. Nikita schwang sich von der linken Seite auf den schon fahrenden Schlitten, setzte sich schräg auf den Bock und ließ ein Bein über den Schlittenrand hängen.

II

Der brave Hengst zog den mit den Kufen leicht knirschenden Schlitten in flottem Lauf über die innerhalb der Ortschaft glattgefahrene und hartgefrorene Straße.

„Was machst du denn da? Gib mal die Peitsche her, Nikita!" rief Wassili Andrejitsch, sichtlich gerührt über seinen „Kronprinzen", der sich an der Rückseite des Schlittens festgeklammert hatte. „Ich werde dir gleich! Lauf zu Mama zurück, du Strolch!"

Der Junge sprang ab. Muchorty beschleunigte seinen Zeltergang und ging mit einem leisen Ruck in Trab über.

Die Ortschaft Kresty, in der Wassili Andrejitschs Besitztum lag, bestand aus sechs Häusern. Sobald sie die am Rande des Dorfes liegende Schmiede passiert hatten, merkten sie sofort, daß der Wind bei weitem stärker war, als sie angenommen hatten. Der Weg war kaum noch zu sehen. Die Kufenspuren wurden im Nu von Schnee verweht, und der Weg ließ sich nur noch dadurch erkennen, daß er höher lag als das übrige Gelände. Über dem ganzen Feld wirbelte

Schnee auf, und man konnte nicht die Linie sehen, an der sich Himmel und Erde vereinigten. Auch der Wald von Teljatino, der sonst immer gut sichtbar war, zeichnete sich durch den Schneevorhang nur hin und wieder wie ein verschwommener dunkler Streifen ab. Der von links kommende Wind wehte die Mähne auf Muchortys straffem Hals beharrlich nach der einen Seite und drückte den nur mit einem einfachen Knoten nach oben aufgebundenen Schweif zur Seite. Der breite Mantelkragen Nikitas, der auf der Windseite saß, wurde gegen sein Gesicht gepreßt.

„Er kann nicht richtig ausholen, der Schnee stört", sagte Wassili Andrejitsch, der stolz auf sein rassiges Pferd war. „Als ich mal mit ihm nach Paschutino gefahren bin, da hat er mich in einer halben Stunde hingebracht."

„Was?" fragte Nikita, dessen Ohren vom Kragen verdeckt waren.

„Nach Paschutino, sage ich, sind wir nur eine halbe Stunde gefahren!" schrie Wassili Andrejitsch ihm zu.

„Da ist kein Wort zu verlieren – ein forscher Gaul!" sagte Nikita.

Eine Weile schwiegen beide. Aber Wassili Andrejitsch hatte das Bedürfnis zu sprechen.

„Na, hast du deiner besseren Hälfte eingeschärft, den Böttcher nicht mit Schnaps zu traktieren?" begann er mit unverändert lauter Stimme und war dabei so fest überzeugt, daß es für Nikita schmeichelhaft sein mußte, sich mit einem derart bedeutenden und klugen Menschen gleich ihm zu unterhalten, und so zufrieden mit seinem Scherz, daß ihm gar nicht der Gedanke kam, Nikita könnte dieses Gespräch unangenehm sein.

Und da Nikita die sich im Wind verflüchtigenden Worte seines Herrn wieder nicht verstanden hatte, wiederholte Wassili Andrejitsch mit seiner lauten, deutlichen Stimme seinen Scherz mit dem Böttcher.

„Sollen sie treiben, was sie wollen, Wassili Andrejitsch, ich denke nicht drüber nach. Mir geht's nur drum, daß die Frau nicht meinen Jungen benachteiligt, und sonst – Gott mit ihr!"

„Ja, gewiß", stimmte Wassili Andrejitsch zu. „Na, und wie ist's mit dem Pferd, wirst du zum Frühjahr eins kaufen?"

ging er zu einem andern Thema über.

„Da werde ich wohl nicht drum rumkommen“, antwortete Nikita, seinen Mantelkragen zurückschlagend, und beugte sich zu seinem Herrn hinüber. Dies war ein Thema, das Nikita interessierte, und er wollte sich kein Wort entgehen lassen.

„Mein Junge ist herangewachsen“, fuhr er fort, „er muß jetzt selbst pflügen. Bis jetzt haben wir immer jemanden gedungen.“

„Na, dann nimm doch den Beskostretschny, du sollst ihn billig haben!“ schrie Wassili Andrejitsch, der sich in angeregter Stimmung befand und daher sofort über seine Lieblingsbeschäftigung herfiel, die all sein Sinnen und Trachten ausfüllte – das Abschließen eines vorteilhaften Geschäfts.

„Oder wenn Sie mir vielleicht so ungefähr fünfzehn Rubel geben würden, dann könnte ich auch auf dem Roßmarkt eins kaufen“, sagte Nikita. Er wußte, daß der Gaul, den Wassili Andrejitsch ihm andrehen wollte, allerhöchstens sieben Rubel wert war, daß Wassili Andrejitsch ihm aber einen Preis von fünfundzwanzig Rubel berechnen würde und er dann ein halbes Jahr lang kein Geld von ihm zu sehen bekäme.

„Es ist ein gutes Pferd“, fuhr Wassili Andrejitsch fort. „Ich bin auf deinen Vorteil wie auf meinen eigenen bedacht. Nach bestem Gewissen. Brechunow wird niemanden übervorteilen. Lieber nehme ich selber einen Verlust auf mich, ich mache es nicht wie andere Leute“, schrie er so erregt, wie er mit den Verkäufern und Kunden zu sprechen pflegte. „Auf Ehre, es ist ein ausgezeichnetes Pferd!“

„Das ist es wohl“, sagte Nikita mit einem Seufzer, und da er erkannt hatte, daß er nicht weiter zuzuhören brauchte, zog er die Hand vom Kragen zurück, der ihm sofort wieder Gesicht und Ohren verdeckte.

Eine halbe Stunde fuhren sie hierauf schweigend. Von der Seite, an der sein Pelz zerrissen war, wurde Nikita vom Wind tüchtig durchgeblasen; aber er krümmte sich zusammen und atmete gegen den Kragen, der ihm den Mund verdeckte, wodurch er die Kälte weniger spürte.

„Was meinst du, sollen wir über Karamyschewo oder geradeaus fahren?“ fragte Wassili Andrejitsch.

Der Weg über Karamyschewo war viel befahren und zu

beiden Seiten durch stabile Ansteckpflöcke gut kenntlich gemacht, aber er war weiter. Geradeaus hatte man es näher, doch dieser Weg wurde wenig benutzt und war gar nicht oder nur mit verkümmertem und von Schnee überwehtem Buschwerk abgesteckt.

Nikita überlegte ein paar Augenblicke.

„Über Karamyschewo ist es wohl weiter, aber der Weg ist besser eingefahren", antwortete er dann.

„Ja, aber geradeaus brauchen wir auch nur in dem kleinen Tal aufzupassen, daß wir nicht vom Weg abirren, denn nachher durch den Wald hat man glatte Fahrt", sagte Wassili Andrejitsch, der lieber den kürzeren Weg nehmen wollte.

„Sie können bestimmen", sagte Nikita und ließ wieder den Kragen los.

Wassili Andrejitsch fuhr also geradeaus und bog dann, nachdem er noch etwa eine halbe Werst zurückgelegt hatte, neben einer im Winde hin und her schwankenden hohen Eichenstange, an der sich noch vereinzelte, dürre Blätter hielten, nach links ab.

Nach der Biegung hatten sie den Wind fast unmittelbar von vorn. Es begann zu schneien. Wassili Andrejitsch kutschierte, blies seine Wangen auf und stieß den Atem von unten durch den Schnurrbart aus. Nikita war eingeschlummert.

So fuhren sie ungefähr zehn Minuten, ohne miteinander zu sprechen. Da hörte Nikita plötzlich, daß Wassili Andrejitsch etwas sagte.

„Was ist?" fragte er und schlug die Augen auf.

Wassili Andrejitsch antwortete nicht, sondern beugte sich nur über den Schlittenrand und sah sich nach allen Seiten um. Das Pferd, dessen Fell sich vom Schweiß am Hals und an den Schulterblättern gekräuselt hatte, ging im Schritt.

„Was ist denn?" fragte Nikita noch einmal.

„Was ist, was ist!" äffte Wassili Andrejitsch ihn gereizt nach. „Keine Pflöcke sind zu sehen! Wir müssen vom Wege abgeirrt sein!"

„Dann halte doch, ich werde mich umsehn", sagte Nikita und schwang sich zugleich mit einem Satz vom Bock, nahm die Peitsche aus dem Stroh, und ging von der linken Seite, an der er gesessen hatte, ins Feld hinein.

Der Schnee lag in diesem Jahr nicht sehr hoch, so daß man überall durchkommen konnte, aber dennoch brach Nikita stellenweise bis an die Knie in die Schneedecke ein und bekam nasse Füße. Er ging kreuz und quer über das Feld, tastete mit den Stiefeln und dem Peitschenstiel den Boden ab, konnte den Weg jedoch nicht finden.

„Na, wie ist's?" fragte Wassili Andrejitsch, als Nikita wieder zum Schlitten zurückkehrte.

„Auf dieser Seite ist er nicht. Ich muß mal auf der anderen zusehen."

„Da vorne zeichnet sich was Schwarzes ab, geh mal hin und sieh dort nach", sagte Wassili Andrejitsch.

Nikita ging zu der von Wassili Andrejitsch bezeichneten Stelle, an der man etwas Schwarzes sah: Es war Erde, die von den entblößten, mit Wintersaat bestellten Feldern herübergeweht war und auf dem Schnee eine schwarze Schicht bildete. Nachdem Nikita dann auch noch auf der rechten Seite vergebens nach dem Weg gesucht hatte, kam er zurück, klopfte sich den Schnee ab, schüttelte ihn aus den Stiefeln und setzte sich wieder in den Schlitten.

„Wir müssen uns nach rechts halten", sagte er mit Bestimmtheit. „Vorher blies mir der Wind gegen die linke Seite, und jetzt kriege ich ihn direkt ins Gesicht. Dreht um nach rechts!" sagte er nochmals in entschiedenem Ton.

Wassili Andrejitsch befolgte Nikitas Anweisung und bog nach rechts ab. In dieser Richtung fuhren sie eine längere Strecke, aber ein Weg war immer noch nicht zu sehen. Der Wind hielt mit unverminderter Heftigkeit an, und es fiel weiterhin feiner Schnee.

„Na, da sind wir aber, scheint es, tüchtig vom Wege abgekommen, Wassili Andrejitsch", sagte Nikita plötzlich mit einer gewissen Genugtuung. „Sehen Sie das da?" fragte er und zeigte auf schwarzes Kartoffelkraut, das unter dem Schnee vorschimmerte.

Wassili Andrejitsch hielt das schon in Schweiß gebadete und schwer atmende Pferd an.

„Na und?" fragte er.

„Daß heißt, daß wir hier auf dem Sacharowschen Acker sind. Dahin sind wir geraten!"

„Du spinnst!" rief Wassili Andrejitsch.

„Nein, ich spinne nicht, Wassili Andrejitsch, es stimmt, was ich sage“, erwiderte Nikita. „Auch am Holpern vom Schlitten merkt man, daß wir über einen Kartoffelacker fahren; und dort liegen ja auch Haufen von zusammengeharktem Kraut. Es ist ein Acker von der Sacharowschen Brennerei.“

„Wie ist es nur möglich, daß wir so weit abgeirrt sind!“ sagte Wassili Andrejitsch. „Was machen wir nun?“

„Wir müssen geradeaus fahren, weiter nichts“, erklärte Nikita. „Irgendwo werden wir doch herauskommen – wenn nicht in Sacharowka, dann auf dem herrschaftlichen Gutshof!“

Wassili Andrejitsch tat, wie Nikita ihn geheißen, und lenkte das Pferd geradeaus. So fuhren sie ziemlich lange. Bald überquerten sie vom Wind kahlgefegte Winterfruchtfelder, und der Schlitten fuhr mit Gepolter über hartgefrorene Erdklumpen; dann kamen sie über Stoppelfelder von Winter- oder Sommergetreide, wo im Winde hin und her schwankende Wermutzweige und Strohhalme aus dem Schnee ragten; und dann wieder fuhren sie über ebene, überall gleichmäßig mit hohem weißem Schnee bedeckte Felder, auf denen nichts zu sehen war.

Der unaufhörlich niedergehende Schnee wurde immer wieder von Windstößen aufgewirbelt. Das Pferd, sichtlich erschöpft und vom Schweiß von oben bis unten mit Rauhreif bedeckt, ging im Schritt. Plötzlich brach es in die Schneedecke ein und geriet in eine von Wasser ausgehöhlte Vertiefung oder in einen Graben. Wassili Andrejitsch wollte es anhalten, doch Nikita rief ihm zu: „Warum anhalten? Sind wir mal reingeraten in die Patsche, müssen wir auch wieder raus ... He, mein Lieber, he, mein Guter, he!“ rief er dem Hengst aufmunternd zu und versank, als er dabei aus dem Schlitten sprang, selbst mit den Füßen in der Vertiefung.

Das Pferd zog mit einem starken Ruck an und arbeitete sich auf einen hartgefrorenen Erdhaufen heraus. Man hatte hier offenbar einen Graben ausgeworfen.

„Wo sind wir denn?“ fragte Wassili Andrejitsch.

„Das werden wir schon noch rauskriegen“, antwortete Nikita. „Fahrt nur weiter, irgendwohin werden wir ja kommen.“

„Das dort muß doch der Wald von Forjatschino sein?“ meinte Wassili Andrejitsch und zeigte auf eine schwarze Linie, die sich in der Ferne vor ihnen über dem Schnee abzeichnete.

„Fahren wir erst mal näher heran, dann werden wir sehn, was das für ein Wald ist“, entgegnete Nikita.

Nikita hatte bemerkt, daß aus der Richtung der sich schwarz abzeichnenden Linie die länglichen verdorrten Blätter von Weiden durch die Luft geflogen kamen, und schloß daraus, daß dort nicht ein Wald, sondern eine menschliche Siedlung war, was er jedoch noch nicht sagen wollte. Und wirklich, sie waren vom Graben noch keine zehn Sashen weitergefahren, als vor ihnen die unverkennbaren Umrisse von Bäumen auftauchten und ein neuer monotoner Laut hörbar wurde. Nikita hatte es richtig erraten: Es handelte sich nicht um einen Wald, sondern um eine Reihe hoher Weiden, an denen sich noch vereinzelte dürre Blätter hielten. Die Weiden waren offenbar entlang eines sich an der Tenne hinziehenden Grabens angepflanzt. Als sie sich den monoton rauschenden Weiden weiter genähert hatten, bäumte sich das Pferd plötzlich mit den Vorderfüßen auf, zog den Schlitten mit einem Ruck auf eine Erhöhung, machte eine Wendung nach links und versank jetzt nicht mehr bis an die Knie im Schnee. Sie waren auf eine Landstraße gekommen.

„Da haben wir nun einen Weg“, sagte Nikita, „nur weiß man nicht, wohin er führt.“

Das Pferd lief indessen, ohne abzuirren, weiter die eingeschneite Straße entlang, und als sie auf ihr etwa vierzig Sashen zurückgelegt hatten, erblickten sie vor sich die gerade Linie eines Flechtzaunes und dahinter eine Getreidedarre, von deren Dach unaufhörlich der hoch aufgeschichtete Schnee herabwehte. Nachdem sie an der Darre vorüber waren und der Weg hinter ihr eine Biegung machte, hatten sie den Wind im Rücken und stießen auf eine Schneewehe. Doch weiter vorn sah man eine sich zwischen zwei Häusern hinziehende Gasse, woraus zu schließen war, daß sich die Schneewehe mitten auf der Straße gebildet hatte und überquert werden mußte. Sie fuhren also über die Schneewehe hinweg und kamen auch wirklich auf der Dorfstraße heraus. Gleich im ersten Hof wurde die dort auf einer Leine hängende steifgefrorene Wäsche – ein rotes und ein weißes Hemd, eine Hose, Fußlappen und ein Frauenrock – vom Winde wütend hin und her gezerrt. Das weiße Hemd mit seinen steif herabhängenden Ärmeln wurde vom Winde besonders stark gepeitscht.

„Das muß aber ein faules, wenn nicht im Sterben liegendes Frauenzimmer sein, die nicht mal zum Feiertag ihre Wäsche abgenommen hat“, sagte Nikita beim Anblick der hin und her schwankenden Wäschestücke.

III

Am Anfang der Straße stürmte es noch, hier lag hoher, vom Wind aufgehäufter Schnee, aber weiter zur Mitte des Dorfes war es windstill, warm und behaglich. Vor einem Hoftor bellte ein Hund, und an einem andern Gehöft kam eine Frau, die sich ihre Jacke über den Kopf gezogen hatte, über die Straße gelaufen und blieb in der Haustür stehen, um die Vorüberfahrenden zu mustern. Aus der Mitte des Dorfes schallte der Gesang von Bauernmädchen herüber.

Im Dorf war vom Wind, dem Schneegestöber und der Kälte weniger zu merken.

„Das ist ja Grischkino!“ sagte Wassili Andrejitsch.

„Ja, das ist es“, bestätigte Nikita.

Es war in der Tat Grischkino. Daraus ergab sich, daß sie nach links vom Wege abgeirrt waren, und zwar einen Umweg von acht Werst gemacht, sich aber dennoch ihrem Ziel genähert hatten. Von Grischkino bis Gorjatschkino waren es nur noch fünf Werst.

Weiter drin im Dorf begegnete ihnen ein hochgewachsener Mann, der mitten auf der Straße ging.

„Wer kommt da gefahren?“ rief der Mann, packte das Pferd am Zügel, tastete sich, sobald er Wassili Andrejitsch erkannte, mit den Händen an der Deichselstange bis zum Schlitten heran und schwang sich auf den Bock.

Es war der Wassili Andrejitsch bekannte Bauer Issai, der im Ruf stand, der verwegenste Pferdedieb des ganzen Kreises zu sein.

„Ah! Wassili Andrejitsch! Wohin des Weges!“ rief Issai und hauchte dabei Nikita seinen nach Schnaps riechenden Atem ins Gesicht.

„Wir wollten nach Gorjatschkino.“

„Na, da habt ihr aber einen schönen Umweg gemacht! Ihr mußtet über Malachowo fahren.“

„Das mußten wir wohl, sind aber abgeirrt“, sagte Wassili Andrejitsch und hielt das Pferd an.

„Nicht übel der Gaul“, bemerkte Issai, während er das Pferd musterte und ihm den gelockerten Knoten des buschigen Schweifs mit geübtem Griff bis zur Rübe hinaufschob. „Werdet ihr hier übernachten?“

„Nein, guter Freund, wir müssen unbedingt weiter.“

„Die Geschäfte drängen wohl. Und wer ist denn da? Ach, Nikita Stepanytsch.“

„Wer soll ich denn sonst sein?“ erwiderte Nikita. „Nur bin ich bange, gute Seele, daß wir uns womöglich wieder verirren.“

„Wie kann man sich denn da verirren! Du drehst um, fährst die Straße bis zu Ende, und wenn du aus dem Dorf heraus bist, immer weiter geradeaus. Den Weg links laß liegen. Dann kommst du bald auf die große Landstraße und biegst nach rechts ab.“

„Was für ein Weg ist denn das, von der Landstraße?“ fragte Nikita. „Ein Sommer- oder ein Winterweg?“

„Ein Winterweg. Gleich nachdem du auf die Landstraße gekommen bist, wirst du niedriges Gebüsch sehn. Gegenüber dem Gebüsch steht ein hoher Eichenpflock, an dem sich noch dürres Laub hält. Dort mußt du abbiegen.“

Wassili Andrejitsch kehrte den Schlitten um und fuhr die Dorfstraße zurück.

„Ihr solltet lieber hier übernachten!“ rief Issai ihnen noch nach.

Aber Wassili Andrejitsch ließ seinen Zuruf unbeachtet und trieb das Pferd an. Die fünf Werst ebenen Weges, von denen zwei durch Wald führten, glaubte er ohne Schwierigkeiten zurücklegen zu können, zumal der Wind nachzulassen schien und es auch nicht mehr schneite.

Nachdem sie bis ans Ende der glattgefahrenen, stellenweise mit frischem Mist bedeckten Dorfstraße gekommen und an dem Hof vorbeigefahren waren, in dem die Wäsche hing und das weiße Hemd sich jetzt nur noch mit einem der steifgefrorenen Ärmel an der Leine hielt, stießen sie abermals auf die im Wind schauerlich rauschenden Weiden und befanden sich wieder auf freiem Feld. Hier zeigte sich, daß das Schneetreiben keineswegs nachgelassen, sondern sich eher noch verstärkt hatte. Der ganze Weg war verweht, und nur an den Absteckpflöcken konnte man sehen, wo er sich hinzog. Aber auch die Absteckpflöcke waren nach vorn nur schwer zu erkennen, weil sie jetzt gegen den Wind fahren mußten.

Wassili Andrejitsch kniff die Augen zusammen, senkte den Kopf und schaute nach den Absteckpflöcken aus, verließ sich jedoch hauptsächlich auf den Spürsinn des Pferdes und gab diesem freien Lauf. Das Pferd folgte denn auch, ohne abzuirren, den vielfachen Windungen des Weges, den es unter den Füßen fühlte, so daß trotz des stärker werdenden Schneefalls und Windes immer wieder bald von der einen, bald von der anderen Seite Absteckpflöcke sichtbar wurden.

Nachdem sie so etwa zehn Minuten gefahren waren, tauchte unmittelbar vor dem Pferde etwas Schwarzes auf, das sich im Schleier des schräg fallenden Schnees fortbewegte. Es war ein anderer, in gleicher Richtung fahrender Schlitten. Muchorty hatte ihn eingeholt und stieß mit den Hufen gegen die Rückseite des vor ihm fahrenden Schlittens.

„He, fahr vorbei, im Bogen herum!“ wurde aus dem fremden Schlitten gerufen.

Wassili Andrejitsch überholte den Schlitten. In ihm saßen drei Bauern und eine Frau, die offenbar von einer Feier zurückkamen. Der eine Bauer schlug mit einer Weidenrute unaufhörlich auf die schneebedeckten Flanken des kleinen Gauls ein. Die beiden andern, die im vorderen Teil des Schlittens saßen, fuchtelten mit den Händen und schrien etwas Unverständliches. Die Frau, bis über den Kopf eingemummt und ganz mit Schnee bedeckt, saß regungslos zusammengekauert auf dem hinteren Sitz.

„Von wo seid ihr?“ schrie Wassili Andrejitsch hinüber.

„Aus A...skoje!“ war von der Antwort nur zu verstehen.

„Von wo?“ rief Wassili Andrejitsch noch einmal.

„Aus Aaa...skoje!“ schrie einer der Bauern aus vollem Halse, doch war der Ortsname auch jetzt nicht zu verstehen.

„Los! Bleib nicht zurück!“ schrie der andere, der mit seiner Rute unentwegt den Gaul peitschte.

„Ihr kommt wohl von einer Feier?“

„Los, los! Mach schneller, Sjomka! Los!“

Die Schlitten stießen mit den Seitenflügeln zusammen und wären um ein Haar aneinander hängengeblieben, lösten sich aber wieder, und der Schlitten mit den Bauern blieb nun zurück.

Der zottige, dickbäuchige und ganz mit Schnee bedeckte kleine Gaul stapfte, unter dem niedrigen Krummholz schwer atmend, mit seinen kurzen Beinen mühsam durch den hohen Schnee und war offenbar unter Aufgebot seiner letzten Kraft vergebens bemüht, sich den Peitschenhieben zu entziehen, die unaufhörlich auf seinen Rücken niedersausten. Einige Sekunden hielt sich der Kopf des augenscheinlich noch jungen Tieres, an dem die Lippen wie bei einem Fisch in die Breite gezogen, die Nüstern gebläht und die Ohren vor Angst an die Seiten geschmiegt waren, neben den Schultern Nikitas und blieb dann immer mehr zurück.

„Was der Schnaps alles anrichtet“, sagte Nikita. „Sie quälen den armen Gaul zu Tode. Wahre Asiaten!“

Eine kurze Weile hörte man noch das Schnaufen des erschöpften Pferdes und die Stimmen der betrunkenen Bauern, doch dann verklang das Schnaufen, und auch die Stimmen der Bauern verhallten in der Ferne. Und wiederum war weit und breit nichts anderes zu hören als der um die Ohren pfeifende Wind und ab und zu ein leises Knirschen der Kufen, wenn der Schlitten über kahl gewehte Stellen des Weges fuhr.

Die Begegnung mit den Bauern hatte Wassili Andrejitsch aufgemuntert und ermutigt, so daß er gar nicht mehr nach den Absteckpflöcken ausschaute, sondern sich ganz dem Pferd anvertraute und ihm freien Lauf ließ.

Nikita, der nichts zu tun hatte, war wie immer, wenn er sich in einer solchen Lage befand, eingeschlummert und holte auf diese Weise den vielfach versäumten Schlaf nach. Plötzlich blieb das Pferd mit einem Ruck stehen, so daß Nikita mit der Nase gegen den Schlittenrand stieß und beinahe herausgefallen wäre.

„Wir fahren ja schon wieder verkehrt“, sagte Wassili Andrejitsch.

„Wieso?“

„Es sind gar keine Pflöcke mehr zu sehn. Wir müssen wieder vom Weg abgeirrt sein.“

„Sind wir vom Weg abgeirrt, dann muß man ihn auch wiederfinden“, antwortete Nikita kurz, stieg aus und stapfte mit seinen nach innen gekehrten Füßen munter über den Schnee, um den Weg zu suchen.

Er ging lange herum, war zeitweilig gar nicht mehr zu sehen, tauchte wieder auf, verschwand aufs neue und kehrte schließlich zum Schlitten zurück.

„Hier gibt es keinen Weg, vielleicht ist er weiter vorne“, sagte er und setzte sich in den Schlitten.

Es begann schon merklich zu dunkeln. Das Schneetreiben war nicht stärker geworden, hatte sich aber auch nicht vermindert.

„Wenn wir wenigstens noch was von den Bauern hören würden, die fuhren ja denselben Weg“, meinte Wassili Andrejitsch.

„Na, die müssen sehr weit zurückgeblieben sein, wenn sie uns noch nicht eingeholt haben. Aber vielleicht haben die sich auch verirrt“, sagte Nikita.

„In welche Richtung sollen wir nun fahren?“ fragte Wassili Andrejitsch.

„Man muß das Pferd laufen lassen, wie es von selbst laufen wird“, antwortete Nikita. „Es wird uns schon auf den Weg bringen. Gib mir die Zügel!“

Wassili Andrejitsch übergab ihm die Zügel um so bereitwilliger, als seine Hände selbst in den warmen Handschuhen klamm zu werden begannen.

Nikita nahm die Zügel, hielt sie jedoch, bemüht, jede Bewegung mit ihnen zu vermeiden, nur locker in der Hand und beobachtete voller Stolz des Verhalten seines Lieblings.

Der kluge Hengst spitzte bald das eine, bald das andere Ohr, drehte es mal nach links, mal nach rechts und beschrieb allmählich einen Bogen.

„Jetzt nur nicht sprechen! Sieh mal an, was er macht“, flüsterte Nikita. „Ja, geh nur, geh nur, du weißt Bescheid! Ja, so, so ist's recht."

Sie hatten den Wind jetzt im Rücken, so daß die Kälte weniger spürbar war.

„Ja, der hat Verstand!" fuhr Nikita in seiner Freude über den Hengst fort. „Der kleine Kirgise ist kräftig, aber dumm. Sieh mal hin, was dagegen der da mit den Ohren anstellt! Der braucht keinen Telegraph, er wittert alles eine Werst weit vor sich."

Und wirklich, es war noch keine halbe Stunde verstrichen, als vor ihnen eine schwarze Linie – ein Wald oder ein Dorf – auftauchte und rechter Hand wieder Absteckpflöcke sichtbar wurden. Sie waren offensichtlich auf einen Weg gekommen.

„Das ist ja wieder Grischkino!" rief plötzlich Nikita.

Tatsächlich, sie erblickten jetzt linker Hand wieder jene Getreidedarre, von deren Dach der Schnee herabwehte, und kamen wieder an dem Hof vorbei, auf dem an einer Wäscheleine die steifgefrorenen Hemden und Hosen hingen und ebenso wie vorhin vom Wind gepeitscht wurden.

Abermals fuhren sie in die Dorfstraße hinein, abermals wurde es windstill, warm und behaglich, abermals sahen sie den von einer Fuhre herabgestreuten Mist, abermals hörte man Stimmen und Gesang, und abermals begann ein Hund zu bellen. Mittlerweile war es so dunkel geworden, daß in manchen Häusern schon Licht brannte.

In der Mitte der Straße lenkte Wassili Andrejitsch das Pferd zu einem großen doppelstöckigen Ziegelhaus und hielt vor der Eingangstür an.

Nikita ging an ein verschneites erleuchtetes Fenster heran, in dessen Schein die durch die Luft wirbelnden Schneeflokken glitzerten, und klopfte mit dem Peitschenstiel.

„Wer da?" ertönte daraufhin von innen eine männliche Stimme.

„Aus Kresty, vom Brechunowschen Gehöft sind wir, guter Mann", antwortete Nikita. „Komm doch mal einen Augenblick heraus!"

Der Mann drinnen trat vom Fenster zurück, und gleich darauf war zu hören, wie die Tür zum Flur knarrte und der Riegel an der Außentür zurückgeschoben wurde. Die halbgeöffnete Tür gegen den Wind festhaltend, blickte ein weißbärtiger alter Bauer heraus, der seine Pelzjoppe über das weiße feiertägliche Hemd geworfen hatte und hinter dem ein junger Bursche in rotem Hemdkittel und Lederstiefeln stand.

„Bist du es, Andrejitsch?“ fragte der Alte.

„Ja, wir haben uns verirrt, guter Freund“, antwortete Wassili Andrejitsch. „Wir wollten nach Gorjatschkino, sind aber falsch gefahren und vorhin schon einmal zu euch hergeraten; und als wir dann umkehrten, sind wir wieder vom Wege abgeirrt und aufs neue hierher zurückgekommen.“

„Na, da seid ihr ja tüchtig herumgeirrt“, sagte der Alte. „Petruscha, geh, mach das Tor auf!“ wandte er sich an den jungen Burschen im roten Hemd.

„Wird gemacht!“ antwortete der junge Bursche fröhlich und lief in den Flur zurück.

„Macht euch keine Umstände, guter Freund, wir wollen hier ja nicht übernachten“, sagte Wassili Andrejitsch.

„Wo wollt ihr jetzt noch hin, es ist schon spät. Bleibt doch zur Nacht hier.“

„Das würde ich gern tun, aber ich muß gleich weiter. Die Geschäfte drängen, Freund, es geht nicht.“

„Nun, dann erwärme dich doch wenigstens, der Samowar ist gerade fertig“, schlug ihm der Alte vor.

„Ja, etwas erwärmen, das könnten wir uns wohl“, sagte Wassili Andrejitsch. „Dunkler wird’s nicht werden, und wenn der Mond aufgeht, hat man’s sogar heller ... Was meinst du, Nikita, sollen wir einkehren, uns zu erwärmen?“

„Das können wir ja machen“, antwortete Nikita, der am ganzen Körper durchfroren war und sich sehnlichst wünschte, in der Wärme seine erstarrten Glieder aufzutauen.

Wassili Andrejitsch ging mit dem Alten ins Haus, und Nikita fuhr durch das von Petruschka geöffnete Tor und lenkte das Pferd auf dessen Anweisungen unter das Schutzdach der Scheune. In der Scheune war Mist angehäuft, und das hohe Krummholz stieß gegen eine Querstange, auf der sich die Hühner und ein Hahn schon zur Nacht niedergelassen hatten und jetzt in ein unzufriedenes Gegacker ausbrachen und mit ihren Pfoten ängstlich die Stange umklammerten. Die aufgescheuchten Schafe stampften mit den Hufen über den gefrorenen Mist und drängten sich zur Seite. Ein kleiner Köter heulte erschrocken auf und kläffte nach Art junger Hunde aufgeregt den Fremdling an.

Nikita redete allen Tieren gut zu. Er entschuldigte sich bei den Hühnern und beruhigte sie mit der Versicherung, daß er sie weiter nicht mehr stören werde; er warf den Schafen vor, daß sie sich so ängstigten, wozu sie doch gar keinen Grund hätten, und er suchte, während er das Pferd anband, den unaufhörlich kläffenden kleinen Köter zu beschwichtigen.

„So, jetzt wird's gut sein", sagte er, als er mit dem Pferd fertig war, schüttelte den Schnee von sich ab und wandte sich dem Hund zu: „Sieh mal an, was für Krakeel du machst!" sagte er zu ihm. „Nun, hör schon auf, hör schon auf, du Dummer! Brauchst dich nicht aufzuregen, wir sind keine Diebe, sind Freunde …"

„Das ist so, wie es von den drei häuslichen Ratgebern heißt", sagte der junge Bursche, während er mit seinen kräftigen Händen den noch draußen stehenden Schlitten unter das Schutzdach schob.

„Von was für Ratgebern?" fragte Nikita.

„Von denen im Buch von Pulson gesagt ist: Wenn sich ein Dieb ans Haus heranschleicht, bellt der Hund, damit man aufpassen soll; wenn der Hahn kräht, heißt das, daß man aufstehen muß; wenn die Katze sich putzt – dann ist ein lieber Gast unterwegs, und du sollst dich vorbereiten, ihn zu bewirten", erklärte lächelnd der Bursche.

Petruscha, der des Lesens und Schreibens kundig war, kannte fast den ganzen Pulson – das einzige Buch, das er besaß – auswendig und liebte es, namentlich wenn er, wie eben heute, leicht berauscht war, aus dem Buch, die für die jeweilige Gelegenheit passend scheinenden Stellen zu zitieren.

„Ja, das stimmt", sagte Nikita

„Du bist wohl tüchtig durchfroren, Onkelchen? fuhr Petruscha fort.

„Na ja, etwas durchfroren ist man schon", antwortete Nikita, und beide gingen über den Hof in den Flur und von dort in die Stube.

IV

Das Gehöft, in das Wassili Andrejitsch eingekehrt war, war eins der ansehnlichsten des Dorfes. Die Familie bewirtschaftete fünf zugeteilte Parzellen und hatte noch Land hinzugepachtet. Es wurden sechs Pferde, drei Kühe, zwei Kälber und etwa zwanzig Schafe gehalten. Zum Haushalt gehörten im ganzen zweiundzwanzig Familienmitglieder; vier verheiratete Söhne, sechs Enkel, von denen Petruscha auch schon verheiratet war, drei Waisen und vier Schwiegertöchter mit ihren Kindern. Es war einer der wenigen bis jetzt noch im ganzen erhalten gebliebenen Bauernhöfe; doch auch hier schwelte im verborgenen bereits ein Funke der Zwietracht, die wie gewöhnlich von Frauensleuten ausging und über kurz oder lang zur Aufteilung des Besitzes führen mußte. Zwei Söhne arbeiteten in Moskau als Wasserfahrer, einer war beim Militär. Anwesend waren zur Zeit der alte Bauer und seine Frau, der zweite, die Wirtschaft leitende Sohn, alle Schwiegertöchter mit den Kindern und außerdem als Gäste ein Nachbar und ein Gevatter.

In der Stube hing über dem Tisch eine von oben abgeschirmte Lampe und beleuchtete mit hellem Schein das nebst einer Flasche Schnaps und einem Imbiß auf dem Tisch stehende Teegeschirr, die Ziegelwände und die in der vorderen rechten Ecke hängenden Ikonen und Bilder. Wassili Andrejitsch, der den Reisepelz abgelegt hatte, saß in einer schwarzen Pelzjoppe am oberen Ende des Tisches, nagte an seinem hartgefrorenen Schnurrbart und ließ die Blicke seiner vorstehenden Habichtsaugen über das Zimmer und alle Anwesenden schweifen. Außer Wassili Andrejitsch saßen am Tisch der weißbärtige, kahlköpfige alte Hausherr im hausgewebten weißen Hemdkittel, der kräftig gebaute, mit einem leichten Kattunhemd bekleidete Sohn, der zu den Feiertagen aus Moskau gekommen war, dessen breitschultriger, älterer Bruder, der zur Zeit der Wirtschaft vorstand, und der hagere rotbärtige Nachbar.

Der neben dem Ofen auf dem Fußboden stehende Samowar summte schon, und die Männer, die vorher Schnaps getrunken und einen Imbiß zu sich genommen hatten, wollten jetzt zum Teetrinken übergehen. Auf den Schlafböden und auf dem Ofen sah man Kinder hocken. Eine Frau saß, über eine Kinderwiege gebeugt, auf einer Pritsche.

Die greise Hausfrau, deren Gesicht kreuz und quer mit winzigen, sich bis über die Lippen erstreckenden Runzeln durchzogen war, bemühte sich um Wassili Andrejitsch.

Als Nikita in die Stube kam, hatte sie gerade ein schweres Gläschen mit Schnaps gefüllt und brachte es Wassili Andrejitsch her.

„Verschmäht es nicht, ein Gläschen zu Ehren des Festtages zu leeren, Wassili Andrejitsch", sagte sie. „Greif zu, mein Guter!"

Der Anblick und Geruch des Schnapses versetzten Nikita, besonders jetzt, wo er durchfroren und erschöpft war, stark in Verwirrung. Er schüttelte mit finsterer Miene den Schnee von Mütze und Mantel ab, stellte sich, als sähe er niemanden von den Anwesenden, vor die Heiligenbilder, bekreuzigte sich dreimal und verneigte sich nun auch der Reihe nach vor dem greisen Hausherrn, vor allen am Tisch sitzenden Personen sowie vor den am Ofen stehenden Frauen und sagte dabei jedesmal: „Gesegnetes Fest!" Dann zog er seinen Mantel aus, vermied es aber, auf den Tisch zu blicken.

„Na, du bist ja tüchtig vereist, Onkel", sagte der älteste Sohn, als er den dicken Reif sah, mit dem Nikitas Gesicht, der Bart und die Brauen überzogen waren.

Nachdem Nikita den Mantel ausgezogen und noch den restlichen Schnee abgeschüttelt hatte, hängte er ihn an den Ofen und trat an den Tisch heran. Man bot auch ihm Schnaps an. Es war für Nikita eine Minute schweren Kampfes: Er war schon nahe daran, nach dem Glas zu greifen und die duftende helle Flüssigkeit in die Kehle zu gießen, aber dann warf er einen Blick auf Wassili Andrejitsch, besann sich auf sein Gelübde, auf die im Trunk verjubelten Stiefel, dachte an den Böttcher und an seinen Sohn, dem er versprochen hatte, zum Frühjahr ein Pferd zu kaufen – und lehnte mit einem Seufzer ab.

„Ich trinke nicht, danke ergebenst", sagte er mit finsterem Gesicht und setzte sich auf die am zweiten Fenster stehende Bank.

„Nanu, warum denn nicht?" fragte der älteste Sohn.

„Ich trinke nicht, das ist mal so", erwiderte Nikita, ohne

aufzublicken, und behauchte sein schütteres Bärtchen, um die Eiszapfen an ihm aufzutauen.

„Das ist nichts für ihn", bemerkte Wassili Andrejitsch, der gerade ein Gläschen geleert hatte und hinterher eine Brezel aß.

„Nun, dann wirst du ein Glas Tee trinken", sagte die Alte freundlich. „Du bist doch, denke ich, ganz durchfroren ... Was trödelt ihr Frauensleute denn so lange mit dem Samowar?"

„Er ist fertig", antwortete eine der Schwiegertöchter, worauf sie mit der Schürze den übergelaufenen Samowar abwischte, ihn keuchend heranbrachte, in die Höhe hob und geräuschvoll auf den Tisch stellte.

Wassili Andrejitsch erzählte inzwischen davon, wie sie sich verirrt hatten, dann im Kreise herumgefahren und zum zweitenmal hierhergekommen waren, sowie von ihrer Begegnung mit den betrunkenen Bauern. Die Gastgeber wunderten sich, erklärten, wo und warum sie einen falschen Weg eingeschlagen hatten, um wen es sich bei den betrunkenen Bauern, mit denen sie unterwegs zusammengetroffen waren, gehandelt habe, und setzten dann auseinander, wie man richtig fahren mußte.

„Von hier bis Moltschanowka findet ein kleines Kind hin, man muß nur aufpassen, daß man an der richtigen Stelle von der Landstraße abbiegt – dort steht ein Strauch. Ihr seid zu früh abgebogen", sagte der Nachbar.

„Ihr solltet doch lieber zur Nacht hierbleiben. Die Frauensleute werden euch ein Lager richten", versuchte die alte Hausfrau Wassili Andrejitsch zu überreden.

„Wenn ihr morgen früh weiterfahrt, das ist sicherer", bekräftigte auch der Hausherr.

„Es geht nicht, guter Freund, die Geschäfte drängen", erklärte Wassili Andrejitsch. „Versäumt man eine Stunde, holt man's in einem ganzen Jahr nicht nach", fügte er hinzu und dachte dabei an den Wald und an die Händler, die ihm bei diesem vorteilhaften Kauf zuvorkommen könnten. „Wir werden doch hinfinden?" wandte er sich an Nikita.

Nikita antwortete nicht gleich und schien ganz mit dem Auftauen seines Bartes beschäftigt zu sein.

„Daß wir uns nur nicht wieder verirren", sagte er erst nach

einer Weile in griesgrämigem Ton.

Nikita war mißgestimmt, weil es ihn unwiderstehlich nach Schnaps verlangte und ihm Tee – das einzige Mittel, das dieses Verlangen unterdrücken konnte – noch nicht angeboten worden war.

„Wenn wir bloß richtig bis zum Scheideweg kommen würden, dann könnten wir uns nicht mehr verirren, der ganze weitere Weg führt durch den Wald“, meinte Wassili Andrejitsch.

„Ihr könnt bestimmen, Wassili Andrejitsch; wenn wir fahren sollen, fahren wir“, sagte Nikita und nahm ein Glas Tee entgegen.

„Wir wollen jetzt noch Tee trinken, und dann los!“

Nikita sagte nichts, sondern nickte nur und begann, nachdem er den Tee behutsam in die Untertasse gegossen hatte, über dem Dampf seine Hände mit den von der Arbeit ständig angeschwollenen Fingern zu erwärmen. Dann biß er ein winziges Stück Zucker ab und verneigte sich zu den Gastgebern hin.

„Auf eure Gesundheit!“ sagte er und begann die erwärmende Flüssigkeit zu schlürfen.

„Schön wäre es ja, wenn uns jemand bis zum Scheideweg begleiten könnte“, sagte Wassili Andrejitsch.

„Nun, das geht zu machen“, erklärte der älteste Sohn. „Petruscha wird anspannen und euch hinbegleiten.“

„Na, dann spann an, guter Freund! Ich werde mich auch dankbar zeigen.“

„Da ist doch nichts zu danken, mein Guter“, sagte die freundliche Alte. „Wir tun es doch von Herzen gern.“

„Petruscha, geh, spann die Stute an!“ sagte der älteste Sohn.

„Mach ich!“ antwortete Petruscha lächelnd, nahm seine Mütze vom Nagel und lief hinaus, um anzuspannen.

Während das Pferd angeschirrt wurde, kam ein Gespräch wieder in Gang, das durch die Ankunft Wassili Andrejitschs unterbrochen worden war. Der Alte beklagte sich beim Nachbarn, der Dorfältester war, über den dritten Sohn, weil er zu den Festtagen nichts für die Eltern, sondern nur ein französisches Tuch für seine Frau geschickt hatte.

„Das junge Volk ist zügellos geworden“, sagte der Alte.

„Und wie!“ pflichtete ihm der Nachbar bei. „Nicht fertig zu werden ist mit den jungen Burschen. Alles wollen sie besser wissen! Nimm den Demotschkin – der hat seinem Vater sogar den Arm gebrochen. Das kommt alles von der Überklugheit.“

Nikita hörte zu, beobachtete die Gesichter und hätte sich offenbar auch gern an dem Gespräch beteiligt; aber er war ganz mit seinem Tee beschäftigt und beschränkte sich darauf, zustimmend zu nicken. Er trank ein Glas nach dem andern, und ihm wurde immer wärmer und wohler zumute. Das Gespräch drehte sich jetzt die ganze Zeit um ein und dasselbe – um den Schaden, der durch die Aufteilung von Bauernhöfen entstand; und zwar handelte es sich nicht um eine Erörterung dieser Frage im allgemeinen, sondern es ging um eine Teilung in dieser Familie, die vom ältesten Sohn verlangt wurde, der mit finsterer Miene am Tisch saß und verbissen schwieg. Dies war offenbar ein wunder Punkt, der alle Familienmitglieder berührte, obwohl sie aus Anstand in Gegenwart Fremder eine Auseinandersetzung über ihre persönlichen Angelegenheiten vermeiden wollten. Doch der Alte konnte schließlich nicht mehr an sich halten und erklärte mit tränenerstickter Stimme, daß er sich, solange er lebe, einer Teilung widersetzen werde, daß seine Wirtschaft gottlob im besten Stande sei, aber eine Aufteilung alle an den Bettelstab bringen würde.

„So ist es ja auch den Matwejews ergangen“, bemerkte der Nachbar. „Es war eine schöne Wirtschaft, aber nachdem sie das Ganze aufgeteilt haben, sind alle verarmt.“

„Und dazu willst auch du es kommen lassen“, sagte der Alte zum Sohn.

Der Sohn antwortete nichts, und es entstand ein beklommenes Schweigen. Unterbrochen wurde das Schweigen von Petruscha, der schon vor einigen Minuten in die Stube zurückgekehrt war und den letzten Teil des Gesprächs lächelnd mit angehört hatte.

„Im Pulson, da gibt’s auch so eine Fabel“, sagte er. „Ein Vater gab seinen Söhnen ein Reisigbündel, das sollten sie durchbrechen. Das ganze Bündel zusammen konnten sie nicht brechen, aber als sie die Reiser dann einzeln nahmen, ging es leicht. So ist es auch hier“, sagte er und lächelte über das ganze Gesicht. „Der Schlitten ist fertig!“ fügte er hinzu.

„Wenn er fertig ist, dann wollen wir auch aufbrechen“, sagte Wassili Andrejitsch. „Und wegen der Teilung, Großväterchen, da gib nicht nach. Du hast alles erarbeitet, du bist auch der Herr. Leg die Sache dem Friedensrichter vor, der wird sie ordnen.“

„Ach, er ist ja so widerspenstig“, wiederholte der Alte immer wieder mit wehleidiger Stimme. „Ständig gibt's mit ihm Streit. Als ob er vom Satan besessen wäre!“

Nikita hatte mittlerweile sein fünftes Glas Tee geleert, stülpte es aber noch nicht um, sondern kippte es nur auf die Seite, in der Hoffnung, man werde ihm noch ein sechstes einschenken. Allein im Samowar war kein Wasser mehr, so daß die Hausfrau ihm weiteren Tee nicht anbieten konnte, und überdies war Wassili Andrejitsch auch schon dabei, sich anzuziehen. Da war nichts zu machen. Nikita stand ebenfalls auf, legte sein von allen Seiten angeknabbertes Stück Zucker in die Zuckerdose zurück, wischte sich mit dem Rockzipfel den Schweiß aus dem Gesicht und ging auf den Ofen zu, um seinen Mantel zu holen.

Als er fertig angezogen war, sich bei den Wirtsleuten bedankt und sich von ihnen verabschiedet hatte, stieß er einen Seufzer aus und trat aus der hellen warmen Stube in den finsteren, kalten Flur, den es durch die Ritzen der vom Wind geschüttelten Tür voll Schnee geweht hatte, und von dort auf den dunklen Hof.

Mitten auf dem Hof stand Petruscha in einem Pelz neben seinem Pferd und zitierte lächelnd einen Vers aus dem Pulson:

„Finstrer Himmel, Schneegestöber,
Und es tobt und braust der Wind.
Bald klingt es, als heulten Tiere,
Bald, als wimmerte ein Kind.“

Nikita nickte beifällig und nahm die Leine auseinander.

Der Hausherr, der Wassili Andrejitsch hinausgeleitete, brachte, um ihm zu leuchten, eine Laterne mit, die jedoch sogleich erlosch. Selbst innerhalb des Hofes war zu merken, daß der Schneesturm an Heftigkeit zugenommen hatte.

Na, das ist ja ein Wetter! Ob wir da überhaupt hinkommen? dachte Wassili Andrejitsch. Aber ich kann keine Zeit verlieren, sonst komme ich zu spät. Und nun haben wir uns ja auch schon reisefertig gemacht, und der Bauer hat das Pferd anspannen lassen. Irgendwie werden wir's mit Gottes Hilfe schon schaffen!

Auch der alte Hausherr glaubte, daß es richtiger wäre, die Fahrt zu verschieben; aber er hatte das Wassili Andrejitsch ja schon vergebens geraten, und weiteres Zureden würde auch nichts nützen. Vielleicht, dachte er, bin ich durch mein Alter zu ängstlich geworden, und sie kommen doch noch gut hin. Nun, wir können jetzt wenigstens zur gewohnten Zeit schlafen gehen und brauchen uns keine Umstände zu machen ...

Petruscha kam überhaupt nicht der Gedanke, daß die Fahrt gefährlich sein könnte: Dazu kannte er den Weg und die ganze Gegend zu gut, überdies war er durch das Verschen von dem „tobenden und brausenden Wind", das genau mit dem übereinstimmte, was sich jetzt draußen zutrug, in eine verwegene Stimmung versetzt. Und Nikita hatte zwar gar keine Lust zu fahren, war aber schon seit langem daran gewöhnt, nicht seinen eigenen Willen durchzusetzen, sondern sich andern zu fügen, so daß niemand ihrer Abfahrt widersprach.

V

Nachdem sich Wassili Andrejitsch in der Dunkelheit mühsam bis zum Schlitten hingetappt hatte, stieg er ein und griff nach den Zügeln.

„Fahr du voran!" rief er Petruscha zu.

Petruscha kniete in seinem sitzlosen Bauernschlitten und trieb das Pferd an. Muchorty, der, vor sich die Stute witternd, schon die ganze Zeit gewiehert hatte, lief schnell hinter ihr her, und sie fuhren auf demselben Wege durch das Dorf, kamen wieder an dem Hof mit der auf einer Leine hängenden, steif gefrorenen, aber in der Dunkelheit nicht mehr sichtbaren Wäsche vorbei, passierten wieder dieselbe Scheune, die jetzt nahezu bis ans Dach eingeschneit war, von dem unauf-

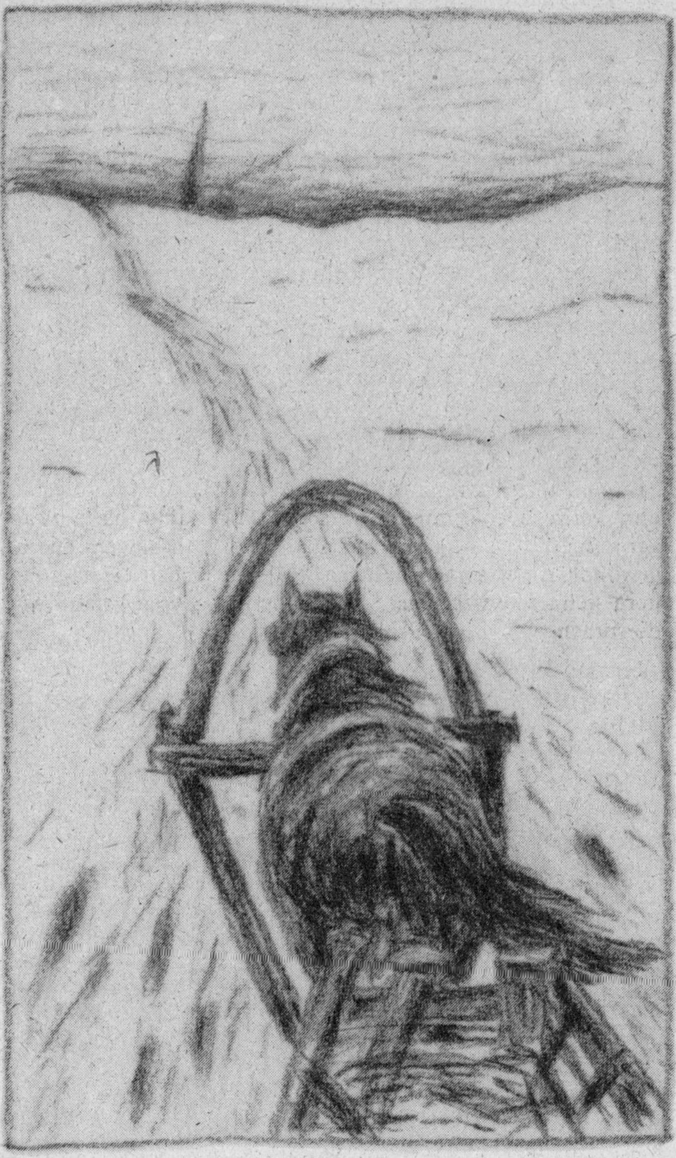

hörlich Schnee herabwehte, erreichten wieder die im Winde wehmütig rauschenden und sich biegenden Weiden und fuhren an ihnen vorüber abermals in das von oben und unten wütende Schneemeer hinaus. Es stürmte mit solcher Gewalt, daß der Schlitten, wenn der Wind von der Seite kam und man sich ihm entgegenstemmte, umzukippen drohte und das Pferd zur Seite abgedrängt wurde. Petruscha fuhr mit seiner rassigen Stute in forschem Trab und feuerte sie ständig durch Zurufe an. Muchorty trabte hinter ihr her.

Nachdem sie etwa zehn Minuten gefahren waren, wandte sich Petruscha um und rief ihnen etwas zu. Weder Wassili Andrejitsch noch Nikita konnten bei dem Sturm verstehen, was Petruscha rief, errieten jedoch, daß sie am Scheideweg angelangt waren. Petruscha bog denn auch wirklich nach rechts ab, worauf sie den so lange von rechts gekommenen Wind jetzt von vorn hatten und rechter Hand durch das Schneegestöber hindurch eine dunkle Masse sichtbar wurde. Es war der am Scheideweg stehende Strauch.

„Nun, dann fahrt mit Gott!"

„Vielen Dank, Petruscha!"

„Finstrer Himmel, Schneegestöber ...", rief ihnen Petruscha noch zu und verschwand in der Dunkelheit.

„Hör mal an, was für ein Dichter er ist!" sagte Wassili Andrejitsch und zog die Zügel an.

„Ja, ein forscher Bursche, ein richtiger Bauer!" bemerkte Nikita.

Sie fuhren weiter.

Nikita, der die Schultern hochgezogen und sich so eingemummt hatte, daß ihm sein schütterer Bart um den Hals lag, saß schweigend im Schlitten und war bemüht, die durch den Tee aufgespeicherte Wärme nicht einzubüßen. Vor sich sah er die geraden Linien der Deichselstangen, die ihm immer wieder einen eingefahrenen Weg vortäuschten, das sich hebende und senkende Hinterteil des Pferdes mit dem aufgebundenen, nach der Seite gebogenen Schweif und weiter nach vorn den unter dem hohen Krummholz auf und ab wippenden Kopf Muchortys und seine im Winde flatternde Mähne. Hin und wieder fielen ihm Absteckpflöcke in die Augen, woraus er ersah, daß sie sich bislang noch auf dem Wege befanden und es für ihn nichts zu tun gab.

Wassili Andrejitsch kutschierte, überließ es aber hauptsächlich dem Pferde, auf dem Weg zu bleiben. Aber obwohl Muchorty im Dorf verschnauft hatte, lief er unwillig und schien vom Wege abbiegen zu wollen, so daß ihn Wassili Andrejitsch mehrmals zurückhalten mußte.

Rechts steht einer, da kommt der nächste, da der dritte, zählte Wassili Andrejitsch im stillen die Absteckpflöcke, und dort vorn sieht man auch den Wald, fügte er in Gedanken hinzu, als sich in einiger Entfernung etwas Schwarzes abzeichnete. Doch das, was er für einen Wald gehalten hatte, war nur ein Strauch. Sie fuhren an dem Strauch vorüber, fuhren nochmals zwanzig Sashen – ein vierter Absteckpflock erschien nicht, und auch von einem Wald war nichts zu sehen. Jetzt muß er aber gleich kommen, dachte Wassili Andrejitsch und, angeregt durch den Schnaps und den Tee, zog er die Zügel an und trieb das Pferd weiter in dieselbe Richtung. Das brave, gefügige Tier gehorchte und lief, bald im Zeltergang, bald in leichten Trab übergehend, wohin es gelenkt wurde, obwohl es wußte, daß dies nicht die richtige Richtung war. Es verstrichen zehn Minuten, aber der Wald kam immer noch nicht.

„Wir sind ja wieder verkehrt gefahren!“ sagte Wassili Andrejitsch und hielt das Pferd an.

Nikita stieg wortlos aus dem Schlitten, raffte seinen Mantel zusammen, der ihm vom Winde bald um den Körper geklatscht, bald auseinandergerissen wurde, und stapfte in das Schneefeld hinein. Er ging zuerst in die eine, dann in die andere Richtung und geriet mehrmals ganz aus der Sicht. Schließlich kehrte er zurück und nahm Wassili Andrejitsch die Zügel aus der Hand.

„Wir müssen nach rechts fahren!“ sagte er in bestimmtem, keinen Widerspruch duldendem Ton und wendete das Pferd.

„Nun, wenn es rechts richtig ist, dann los nach rechts!“ sagte Wassili Andrejitsch und steckte, nachdem er die Zügel abgegeben hatte, seine durchfrorenen Hände in die Ärmel.

Nikita antwortete nichts.

„Nun, Freundchen, streng dich mal an!“ rief er Muchorty zu. Aber obgleich er das Pferd mit den Zügeln antrieb, ging es nur im Schritt. Der Schnee reichte dem Pferd stellenweise bis an die Knie, und bei jeder Bewegung wurde der Schlitten durch einen heftigen Ruck erschüttert.

Nikita nahm die am Bock hängende Peitsche und schlug auf das Pferd ein. Das brave, nicht an die Peitsche gewöhnte Pferd bäumte sich auf und setzte zum Galopp an, verfiel indessen gleich wieder in Zeltergang und Schritt. So fuhren sie etwa fünf Minuten. Es war so dunkel, und das Schneegestöber war so dicht, daß man zeitweilig nicht einmal das Krummholz sehen konnte. Mitunter hatte man den Eindruck, als stünde der Schlitten still und als flute das Feld an ihm vorbei zurück. Plötzlich blieb das Pferd mit einem jähen Ruck stehen und schien vor sich Unheil zu wittern. Nikita schwang sich wieder mit einem leichten Satz aus dem Schlitten, warf die Zügel hin und ging nach vorn, um zu ermitteln, wovor das Pferd scheute; doch kaum war er einen Schritt vor das Pferd hingetreten, da glitt er aus und rollte einen Abhang hinunter.

„Prr prr ...", redete er mit sich selbst, als er stürzte und irgendwie einen Halt zu gewinnen suchte; doch das glückte ihm nicht, und er rollte immer weiter, bis er schließlich auf der Sohle der Schlucht mit den Füßen gegen eine dort angehäufte dicke Schneeschicht stieß und in ihr steckenblieb.

Ein dicht am Rande der Schlucht zusammengewehter Schneehaufen, der durch Nikitas Sturz erschüttert worden war, fiel herab und überschüttete ihn von oben bis unten mit Schnee.

„Was soll denn das!" rief Nikita, sich an den Schneehaufen und an die Schlucht wendend, in vorwurfsvollem Ton, während er sich den Schnee aus dem Nacken schüttelte.

„Nikita! Hallo, Nikita!" rief von oben Wassili Andrejitsch.

Aber Nikita antwortete nicht – er hatte keine Zeit.

Nachdem er den Schnee von sich abgeschüttelt hatte, suchte er die Peitsche, die ihm beim Absturz aus der Hand gefallen war, und als er sie endlich gefunden hatte, versuchte er, an derselben Stelle, wo er herabgerollt war, nun auch hinaufzuklettern; doch er rutschte immer wieder zurück und mußte erst lange nach einer bequemeren Aufstiegsmöglichkeit suchen. Nachdem er dann etwa drei Sashen weiter auf allen vieren mühsam hinaufgeklettert war, ging er am Rande der Schlucht entlang in die Richtung, wo das Pferd stehen mußte. Noch sah er nichts vom Pferd und vom Schlitten, da er aber gegen den Wind ging, hörte er schon vorher, wie Muchorty wieherte und Wassili Andrejitsch nach ihm rief.

„Ich komme, komme schon, was grölst du so!" murmelte er vor sich hin.

Erst als er unmittelbar an den Schlitten herangekommen war, nahm er das Pferd und den daneben stehenden, jetzt ungewöhnlich groß wirkenden Wassili Andrejitsch wahr.

„Wohin, zum Teufel, bist du denn verschwunden gewesen?" wurde Nikita erregt von seinem Herrn angeschrien. „Wir müssen zurückfahren – wenn nicht anders, dann nach Grischkino!"

„Das würde ich schon gern machen, Wassili Andrejitsch, aber in welche Richtung sollen wir denn fahren? Drüben ist eine Schlucht, wenn wir in die reingeraten, kommen wir überhaupt nicht mehr heraus. Ich bin dort so im Schnee versackt, daß ich mich nur mit Müh und Not herausgearbeitet habe."

„Ja, aber wir können doch hier nicht einfach stehenbleiben! Irgendwohin müssen wir doch fahren", erklärte Wassili Andrejitsch.

Nikita antwortete nichts. Er setzte sich, den Rücken dem Winde zugekehrt, auf den Schlittenrand, zog seine Stiefel aus, schüttelte den Schnee heraus und verstopfte von innen mit einem kleinen Büschel Stroh sorgfältig ein Loch im linken Stiefel.

Wassili Andrejitsch schwieg und schien entschlossen zu sein, alles Weitere Nikita zu überlassen. Nachdem dieser seine Stiefel wieder angezogen hatte, schwang er sich in den Schlitten, zog wieder seine Fausthandschuhe an und lenkte das Pferd am Abgrund vorbei. Doch waren sie noch keine hundert Schritt gefahren, als das Pferd sich aufs neue sträubte weiterzugehen. Vor ihm gähnte abermals ein Abgrund.

Nikita stieg wieder aus und stapfte wieder durch den Schnee. Er blieb eine längere Zeit weg. Schließlich kam er von der entgegengesetzten Seite zurück.

„Seid Ihr noch da, Andrejitsch?" rief er schon von weitem.

„Ja, hier!“ rief Wassili Andrejitsch ihm zu. „Nun, wie ist es?“

„Man kann sich nicht zurechtfinden in der Dunkelheit. Ringsum sind lauter Schluchten. Wir müssen wieder gegen den Wind fahren.“

Sie fuhren wieder ein Stück – und abermals stapfte Nikita durch den Schnee, stieg wieder ein und wieder aus und irrte aufs neue auf dem Schneefeld herum, bis er schließlich schwer keuchend zurückkam und vor dem Schlitten stehenblieb.

„Na, wie ist es?“ fragte Wassili Andrejitsch.

„Immer dasselbe, ich bin schon ganz erschöpft. Und das Pferd kann auch nicht mehr.“

„Ja, was wollen wir denn nun machen?“

„Warte noch mal eine Weile!“

Nikita ging wieder fort, kehrte aber bald zurück.

„Fahr hinter mir her!“ sagte er und ging dem Schlitten voraus.

Wassili Andrejitsch gab jetzt keinerlei Anweisungen mehr, sondern fügte sich widerspruchslos allem, was Nikita sagte.

„Hierher, mir nach!“ rief Nikita, während er mit schnellen Schritten nach rechts abbog, Muchorty am Zügel nahm und ihn zu einer mit Schnee überhäuften Vertiefung führte.

Muchorty sträubte sich zunächst, zog dann aber mit einem scharfen Ruck an und versuchte, die Kluft zu überspringen; doch er schaffte es nicht und versank bis zum Kumt im Schnee.

„Steig aus!“ rief Nikita Wassili Andrejitsch zu, der im Schlitten sitzen geblieben war, worauf er sich gegen eine der Deichselstangen stemmte und den Schlitten auf das Pferd zuschob. „Ja, das ist schwer, mein Guter“, redete er auf Muchorty ein, „aber da hilft nichts, du mußt dich schon anstrengen! So, so, noch ein bißchen!“ rief er.

Das Pferd zog einmal, zog noch einmal an, kam jedoch nicht heraus und blieb wieder regungslos stehen, als dächte es über etwas nach.

„Na, Brüderchen, so geht es nicht“, redete Nikita Muchorty gut zu. „Komm, streng dich noch mal an!“

Nikita stemmte sich abermals gegen die eine Deichselstange, und Wassili Andrejitsch half von der andern Seite nach. Das Pferd bewegte den Kopf und bäumte sich plötzlich auf.

„Nu, nu! Sei nicht bange, wirst nicht versinken!“ schrie Nikita.

Ein Satz, ein zweiter, ein dritter – und das Pferd arbeitete sich zu guter Letzt aus der Kluft heraus, blieb schwer keuchend stehen und schüttelte den Schnee von sich ab. Nikita wollte es weiterführen, doch Wassili Andrejitsch war in seinen zwei Pelzen so außer Atem gekommen, daß er nicht mehr gehen konnte und sich in den Schlitten fallen ließ.

„Laß mich mal verschnaufen“, sagte er und wickelte das Tuch auseinander, das er sich im Dorf um den aufgeschlagenen Pelzkragen gebunden hatte.

„Bleib nur liegen, ich schaffe es schon allein“, sagte Nikita; er faßte das Pferd am Zügel und führte es mit dem Schlitten und dem darin liegenden Wassili Andrejitsch zuerst etwa zehn Schritte bergab, dann ein kurzes Stück aufwärts und machte dort halt.

Die Stelle, an der Nikita haltmachte, lag zwar nicht in einer Schlucht – denn dort hätte der von den Anhöhen herabwehende Schnee sie womöglich unter sich begraben können –, war aber immerhin durch den Rand eines Abhangs einigermaßen gegen den Wind geschützt. Zeitweilig schien es, als ließe der Wind etwas nach, doch es dauerte nicht lange, und der Wind brauste – als wollte er die vorausgegangene Ruhepause wettmachen – mit verdoppelter Stärke über das Feld und wirbelte ringsum den Schnee auf. Ein solcher Windstoß fegte gerade heran, als Wassili Andrejitsch, nachdem er sich verschnauft hatte, aus dem Schlitten gestiegen war und zu Nikita ging, um mit ihm zu besprechen, was sie nun tun sollten. Beide bückten sich instinktiv und warteten ab, bis sich die Wucht des Windstoßes gelegt haben würde. Auch Muchorty legte die Ohren an und schüttelte unzufrieden den Kopf. Sobald der Wind wieder etwas nachgelassen hatte, zog Nikita seine Fausthandschuhe aus und steckte sie unter den Gürtel, hauchte dann in die hohlen Hände und schickte sich an, die Zügel vom Krummholz abzulösen.

„Was tust du denn da?“ fragte Wassili Andrejitsch.

„Ausspannen tu ich, was können wir denn sonst machen?

Meine Kraft ist zu Ende“, erklärte, sich gleichsam entschuldigend, Nikita.

„Können wir denn nicht irgendeine Ortschaft erreichen?“

„Wir kommen von hier nicht heraus, man würde nur den Hengst zu Tode quälen. Er ist sowieso schon überanstrengt, der Gute“, sagte Nikita und zeigte auf das ergeben dastehende und zu allem bereite Pferd, dessen breite nasse Flanken sich unter seinen schweren Atemzügen heftig bewegten. „Wir müssen hier übernachten“, fügte Nikita mit solcher Selbstverständlichkeit hinzu, als ob sie zur Nacht in einen Gasthof eingekehrt wären. Und er schnallte den Kumtriemen auf.

Die Kumtbügel sprangen auseinander.

„Werden wir auch nicht erfrieren?“ fragte Wassili Andrejitsch.

„Was läßt sich schon machen? Erfrieren wir, müssen wir es auch hinnehmen“, antwortete Nikita.

VI

Wassili Andrejitsch hatte es in seinen zwei Pelzen, besonders nachdem er sich im Schnee der Schlucht abgemüht, behaglich warm, aber dennoch lief es ihm kalt über den Rükken, als ihm klar wurde, daß sie die Nacht hier zubringen mußten. Um sich zu beruhigen, setzte er sich in den Schlitten und holte eine Schachtel Zigaretten und Streichhölzer hervor.

Nikita schirrte unterdessen das Pferd ab. Er schnallte Bauchriemen und Sattelriemen auf, legte die Zügel zusammen, nahm Kumt und Krummholz ab und redete ununterbrochen aufmunternd auf das Pferd ein.

„Na, komm schon, komm schon“, sagte er, als er es zwischen den Deichselstangen herauszog. „Und nun binden wir dich hier an. Dann lege ich dir schön Stroh unter und nehme dir auch das Zaumzeug ab“, erklärte er dem Pferd alles, was er tat. „Und wenn du erst gefressen hast, wirst du auch wieder munterer werden.“

Doch Muchorty ließ sich durch Nikitas Zuspruch nicht beschwichtigen und war sichtlich aufgeregt. Er trat von einem Bein aufs andere, drückte sich, das Hinterteil dem Wind zukehrend, an den Schlitten und rieb den Kopf an Nikitas Arm.

Offenbar nur, um sich Nikita gegenüber, der ihm im Schlitten Stroh vor das Maul gelegt hatte, nicht undankbar zu zeigen, ergriff Muchorty mit einer jähen Bewegung ein Büschel Stroh; doch schon im selben Augenblick beschloß er wohl, daß es jetzt nicht Zeit zum Fressen sei, und ließ das Stroh wieder fallen, das dann im Nu vom Wind erfaßt, fortgetragen, auseinandergestreut und mit Schnee überschüttet wurde.

„Jetzt werden wir noch ein Merkzeichen aufrichten", sagte Nikita, worauf er den Schlitten nach dem Wind zu drehte, mit dem Sattelriemen die Deichselstangen zusammenschnürte, sie aufrichtete und an der Vorderseite des Schlittens befestigte. „Wenn wir jetzt eingeschneit werden und gute Menschen das an den Stangen erkennen, werden sie uns ausgraben", sagte er. „So haben es uns die Alten gelehrt." Dann klopfte er den Schnee von seinen Fausthandschuhen ab und zog sie wieder an.

Wassili Andrejitsch, der seinen Pelz zurückgeschlagen hatte, versuchte inzwischen, ein Streichhölzchen nach dem andern im Schutze des vorgehaltenen Pelzsaums an seiner Stahlschachtel zu entzünden; doch seine Hände zitterten, und noch bevor die aufflammenden Streichhölzchen richtig Feuer fingen oder von Wassili Andrejitsch an die Zigarette geführt werden konnten, erloschen sie im Wind. Schließlich glückte es ihm, ein Streichhölzchen zu entzünden, die Flamme beleuchtete für einen Moment die Innenseite des Pelzes, seine Hand mit einem goldenen Ring an dem eingebogenen Zeigefinger, das unter dem Sackleinen vorquellende, mit einer Schneeschicht bedeckte Haferstroh – und die Zigarette brannte an. Aber nachdem er gierig ein paar Züge gemacht, den Rauch verschluckt und dann durch den Schnurrbart geblasen hatte und die Zigarette nochmals an den Mund führen wollte, wurde ihr Ende mit dem brennenden Tabak vom Wind abgerissen und ebenso fortgetragen wie vorhin das Stroh.

Doch auch diese wenigen Züge an der Zigarette hatten Wassili Andrejitsch in eine bessere Stimmung versetzt.

„Wennschon, dennschon, dann übernachten wir eben hier!“ sagte er in entschlossenem Ton. „Aber warte mal“, fügte er zu Nikita gewandt hinzu, „ich will noch eine Flagge anbringen.“ Er hob das Tuch auf, das er vom Kragen abgewickelt und in den Schlitten geworfen hatte, zog seine Handschuhe aus, stellte sich im Vorderteil des Schlittens auf, reckte sich in die Höhe, um die Enden der Deichselstangen zu erreichen, und band dort mit einem festen Knoten das Tuch an.

Das Tuch begann sofort ungestüm zu flattern, wobei es sich bald um die Stange legte, bald wieder auseinanderwehte, sich blähte und im Winde raschelte.

„Sieh mal hin, wie schön es flattert!“ sagte Wassili Andrejitsch mit einem befriedigten Blick auf sein Werk und ließ sich wieder im Schlitten nieder. „Wenn wir uns nebeneinander hinlegen würden, hätten wir es wärmer, aber für zweie ist es hier zu eng“, sagte er.

„Für mich werde ich schon ein Plätzchen finden“, antwortete Nikita, „ich muß nur erst noch den Hengst zudecken, der Gute trieft vor Schweiß ... Laß mich mal ran“, fügte er, an den Schlitten herantretend, hinzu und zog unter dem Sitz Wassili Andrejitschs das Sacktuch hervor.

Dann nahm er Muchorty das Hintergeschirr und das Sattelzeug ab, faltete das Sacktuch doppelt zusammen und bedeckte damit das Pferd.

„So, jetzt wirst es wärmer haben, du Dummerchen“, sagte er und legte dem Pferd über dem Sacktuch nun wieder das Sattelzeug und Hintergeschirr an. „Wenn Ihr die Matte nicht braucht, gebt sie mir und auch etwas Stroh“, sagte Nikita, als er alles verrichtet hatte und an den Schlitten zurückkam, zu Wassili Andrejitsch.

Nachdem er das eine wie das andere unter Wassili Andrejitschs Sitz herausgezogen hatte, scharrte er hinter dem Schlitten im Schnee eine kleine Grube und legte das Stroh hinein; hierauf stülpte er sich die Mütze tiefer über den Kopf, wickelte sich in seinen Mantel, setzte sich auf das ausgebreitete Stroh, bedeckte sich von oben mit der Matte und lehnte sich gegen die rohe Außenwand des Schlittens, die

Wind und Schnee von ihm abhielt.

Wassili Andrejitsch schüttelte zu Nikitas Handlungsweise mißbilligend den Kopf – wie er überhaupt alle bäuerliche Unbildung und Dummheit mißbilligte – und machte es sich dann selbst für die Nacht bequem.

Er breitete das übrige Stroh im Schlitten aus, stopfte sich ein paar Handvoll hinter den Rücken, steckte die Hände in die Ärmel und bettete den Kopf in eine Ecke des Vorderteils vom Schlitten, wo er gegen den Wind geschützt war.

Schläfrig war er nicht. Er lag da und gab sich seinen Gedanken hin; er dachte darüber nach, was das einzige Ziel, den ganzen Sinn, die ganze Freude und den ganzen Stolz seines Lebens ausmachte – darüber, zu welchem Wohlstand er es bereits gebracht hatte und wie er ihn in Zukunft noch vergrößern werde, welches Vermögen ihm bekannte andere Leute besaßen und auf welche Weise sie es erworben hatten und immer noch vermehrten und daß er gleich ihnen noch sehr viel Geld verdienen könne. Dem Kauf des Waldes in Gorjaschkino maß er allergrößte Wichtigkeit bei. Er hoffte, durch diesen Kauf mit einem Schlage an die zehntausend Rubel zu verdienen. In Gedanken begann er zu berechnen, wieviel er aus dem Walde, den er sich im Herbst angesehen und von dem er auf zwei Deßjatinen sämtliche Säume gezählt hatte, herausschlagen würde.

Die Eichen geben gute Schlittenkufen ab, überlegte er. Balken selbstverständlich sowieso. Und Brennholz wird jede Deßjatine ihre dreißig Sashen bringen. Da kann ich von jeder Deßjatine, auch ganz knapp gerechnet, zweihundertfünfundzwanzig Rubel einnehmen, sagte er sich. Sechsundfünfzig Deßjatinen, das sind also sechsundfünfzigmal hundert und noch einmal sechsundfünfzigmal hundert, dann sechsundfünfzigmal zehn und noch einmal sechsundfünfzigmal zehn, dann sechsundfünfzigmal fünf ... Er sah, daß über zwölftausend Rubel herauskamen, konnte die Endsumme jedoch ohne Rechenbrett nicht genau errechnen. Aber zehntausend werde ich dennoch nicht geben, höchstens achttausend, und auch das nur mit Abzug für das Brachland. Der Landvermesser kriegt hundert oder vielleicht auch hundertfünfzig Schmiergeld – dann errechnet der mir an die fünf Deßjatinen Brachland. Dann wird er schon auf achttausend heruntergehen. Erst mal lege ich ihm dreitausend bar auf den Tisch, das wird ihn erweichen, dachte Wassili Andrejitsch und befühlte mit dem Oberarm die in der Tasche stekkende Brieftasche ... Weiß Gott, wie wir nach der Biegung so abirren konnten! Hier hätte doch der Wald kommen und eine Wächterbude stehen müssen. Doch dann würde man Hunde hören ... Aber wenn es nötig ist, bellen die Biester nicht ... Er schlug den Pelzkragen vom Ohr zurück und horchte: Zu hören war nur das unveränderte Pfeifen des Windes, das Klappern der Deichselstangen, das Flattern des Tuches und das Aufklatschen des Schnees an der Außenwand des Schlittens. Er schlug den Kragen wieder hoch.

Wenn man das alles gewußt hätte, wären wir doch zur Nacht im Dorf geblieben. Na einerlei, dann kommen wir eben morgen hin. Nur ein Tag ist verloren. Bei diesem Wetter werden sie auch aus der Stadt nicht losfahren ... Da fiel ihm ein, daß er am Neunten dieses Monats vom Fleischer das Geld für die Ochsen zu bekommen hatte. Er wollte selber kommen, da trifft er mich nicht an, und meine Frau wird sich nicht zurechtfinden mit dem Geld. Sie ist ja so ungeschickt und hat gar keine Umgangsformen, setzte er seinen Gedankengang fort, als er sich erinnerte, wie ungeschickt sich seine Frau gestern benommen hatte, als der Landpolizeichef am Feiertag zu einem Besuch bei ihnen eingekehrt war ... Na ja – ein Frauenzimmer! Was hat sie schon im Leben gesehen? Wie war es denn zu Lebzeiten der Eltern bei uns zu Hause? Ein reicher Bauernhaushalt wie viele andere. Die Graupenmühle und eine Herberge, das war der ganze Besitz. Und was hab ich in fünfzehn Jahren daraus gemacht? Ein Ladengeschäft, zwei Schenken, eine Mühle, einen Silo, zwei Güter in Pacht und Haus wie Speicher mit Eisenplatten gedeckt. Er rief sich voller Stolz alles ins Gedächtnis, was er besaß ... Das ist was anderes als zur Zeit meines Alten! Wer spielt heute die erste Rolle im Kreis? Brechunow!

Und woher kommt das? Daher, daß ich immer ans Geschäft denke, mich abmühe und nicht so wie andere auf der Bärenhaut liege oder nichtsnutziges Zeug treibe. Ich schlage mir ganze Nächte um die Ohren. Muß ich fahren, hält mich auch ein Schneesturm nicht ab. Dafür geht denn auch das Geschäft. Die andern meinen, daß sich die Moneten spielend verdienen lassen. Nein, man muß arbeiten, muß sich den Kopf zerbrechen und, wenn nötig, so wie ich jetzt hier die Nacht unter freiem Himmel und ohne Schlaf zubringen. Wie Federzeug wirbeln die Gedanken in meinem Kopf herum, sagte er sich voller Stolz ... Manche sagen, man muß Glück haben, um es zu was zu bringen. Mironow, zum Beispiel, der ist jetzt Millionär. Und wodurch? Man muß arbeiten, dann hilft auch Gott. Wenn Gott einen nur gesund bleiben läßt ...

Und der Gedanke daran, daß auch er ebenso ein Millionär werden könnte wie Mironow, der mit nichts angefangen hatte, regte ihn dermaßen auf, daß er das Bedürfnis empfand, mit jemandem zu sprechen. Aber es war niemand da, mit dem er hätte sprechen können. Ja, wenn sie in Gorjatschkino angekommen wären, dann hätte er mit dem Gutsbesitzer gesprochen und dem heimgeleuchtet!

Hu, wie das stürmt! Wir werden hier noch so einschneien, daß wir morgens nicht herauskommen, dachte Wassili Andrejitsch, während er auf den Wind horchte, der von vorn gegen den Schlitten anfuhr, ihn schüttelte und den Schnee gegen seine Außenseite peitschte. Er richtete sich etwas auf und blickte um sich: in der in der Finsternis wogenden weißen Masse war nichts anderes zu sehen als die sich undeutlich abhebenden Umrisse von Muchortys Kopf, seinem Rücken mit dem flatternden Sacktuch und dem aufgebundenen buschigen Schweif; ringsum aber, vorn, hinten und zu beiden Seiten wogte in der Finsternis überall die gleiche weiße Masse, die sich bald ein wenig lichtete, bald noch mehr verdichtete.

Es war verkehrt, auf Nikita zu hören, dachte er. Wir mußten weiterfahren und hätten schließlich doch irgendeine Ortschaft erreicht. Und wenn wir auch nur nach Grischkino zurückgekommen wären, hätten wir bei Taras übernachtet. Jetzt kann man hier die ganze Nacht durch sitzen. Ja, woran dachte ich doch gleich? Ach so – daß Gott jemandem, der arbeitet, auch hilft, aber nicht Faulpelzen, Nichtstuern oder Dummköpfen. Jetzt muß ich erst mal rauchen! – Er setzte sich hin, nahm sein Zigarettenetui aus der Tasche, legte sich dann bäuchlings in den Schlitten und versuchte, im Schutze der Pelzenden eine Zigarette zu entzünden; allein der Wind fand immer noch einen Zugang und löschte ein Streichholz nach dem andern. Endlich brachte er es doch fertig, eine Zigarette in Brand zu stecken, und begann zu rauchen. Daß er seinen Willen durchgesetzt hatte, erfüllte ihn mit großer Befriedigung. Und wenn die Zigarette auch mehr im Wind verglühte, als daß er selbst sie geraucht hätte, so hatte er immerhin ein paar Züge machen können und war dadurch in bessere Stimmung geraten. Er streckte sich nun wieder aus, hüllte sich ein und gab sich aufs neue seinen Betrachtungen und Träumereien hin, bis sich schließlich seine Gedanken verwirrten und er unversehens einschlief.

Da verspürte er plötzlich einen Stoß und wachte auf. Ob nun Muchorty Stroh unter ihm hervorgezogen oder ob sich in seinem Innern etwas zusammengekrampft hatte, wie dem auch sei, er wachte auf, und sein Herz klopfte so heftig, daß es ihm vorkam, als bebe der Schlitten unter ihm. Er öffnete die Augen. Ringsum bot sich immer noch dasselbe Bild, nur schien es etwas heller geworden zu sein. Es dämmerte schon, dachte er, da muß es bald Morgen werden! Doch dann erkannte er auch gleich, daß die größere Helligkeit nur von dem inzwischen aufgegangenen Mond bewirkt wurde. Er richtete sich auf und warf zuallererst einen Blick auf das Pferd. Muchorty stand nach wie vor mit dem Rücken gegen den Wind und zitterte am ganzen Leibe. Das mit Schnee bedeckte Sacktuch hing nur noch auf einer Seite, das Hintergeschirr war seitlich abgerutscht, und den Kopf mit der im Winde flatternden Mähne konnte man jetzt deutlicher sehen. Wassili Andrejitsch beugte sich über den hinteren Schlittenrand und schaute nach Nikita aus. Er saß immer noch in derselben Stellung da, wie er sich von Anfang an hingesetzt hatte, und seine Füße waren mit einer dicken Schneeschicht überzogen. Daß mir dieser Bauer in seinem schäbigen Zeug da nicht noch erfriert! Dann muß ich mich seinetwegen womöglich verantworten. Was für ein unvernünftiges Volk! Eine wahre Unkultur! dachte Wassili Andrejitsch. Er wollte das Sacktuch eigentlich vom Pferd herunternehmen und Nikita damit zudecken, ließ es dann aber doch sein: Es graute ihm davor, bei dieser Kälte auszusteigen und sich draußen zu schaffen zu machen, und außerdem mußte man befürchten, daß das Pferd dann erfror ... Warum habe ich ihn bloß mitgenommen? Das hat man alles durch ihre Dummheit! sagte sich Wassili Andrejitsch in Gedanken an seine ungeliebte Frau und legte sich wieder auf seinen bisherigen Platz im Vorderteil des Schlittens zurück ... So hat auch mein Onkel mal eine ganze Nacht im Schnee zugebracht und ist dabei nicht umgekommen, erinnerte sich Wassili Andrejitsch. Sewastjan freilich – gedachte er eines andern Falles –, als man den aus dem Schnee ausgrub, der war schon tot und so steif wie ein gefrorenes Stück Schlachtvieh. Ja, wenn wir zur Nacht in Grischkino geblieben wären, hätte man das alles nicht auszustehen gehabt ...

Und nachdem er sich wieder so sorgfältig eingehüllt hatte, daß die im Pelz angesammelte Wärme nirgends hinausdringen konnte und ihn überall – am Hals, an den Knien und Füßen – erwärmte, schloß er die Augen und versuchte aufs neue einzuschlafen. Doch sosehr er sich auch darum bemühte, er fand jetzt keinen Schlaf mehr, sondern fühlte sich im Gegenteil völlig munter und angeregt. Er begann wieder seine Gewinne zu berechnen und wieviel andere ihm schuldeten, brüstete sich wieder vor sich selber und freute sich über seine Leistungen und seinen Wohlstand; doch nun schlichen sich in diese Betrachtungen immer mehr ein Gefühl von Angst und der Ärger darüber ein, daß er zur Nacht nicht in Grischkino geblieben war, wo er jetzt in der Wärme auf der Schlafbank gelegen hätte. Er drehte sich mehrmals von einer Seite auf die andere und bemühte sich, eine bequemere und besser gegen den Wind geschützte Lage zu finden – aber irgend etwas störte ihn immer noch. Wieder richtete er sich auf, wieder wechselte er die Lage, wickelte seine Beine ein, schloß die Augen und rührte sich nicht. Doch nun schmerzten ihn die in den dicken Filzstiefeln gekrümmten Beine, oder es zog irgendwo, und nachdem er eine Weile still gelegen hatte, dachte er wieder daran, wie er in Grischkino jetzt schön in der warmen Stube gelegen hätte, und ärgerte sich über sich selbst. Und abermals richtete er sich auf, drehte sich um, wickelte sich ein und legte sich wieder hin.

Einmal glaubte Wassili Andrejitsch irgendwo in der Ferne Hähne krähen zu hören. Er freute sich, schlug den Pelzkragen zurück und horchte; doch sosehr er auch sein Gehör anspannte, es war nichts anderes zu hören als das Pfeifen des in die Deichselstangen fahrenden Windes, das Flattern des Tuches und das Aufklatschen des Schnees an der äußeren Schlittenwand.

Nikita saß seit dem Abend die ganze Zeit in derselben Stellung, rührte sich nicht und antwortete nicht einmal, als er zweimal von Wassili Andrejitsch angerufen wurde. Er macht sich wenig Sorge und schläft wahrscheinlich, dachte Wassili Andrejitsch, als er über den Schlittenrand auf den mit Schnee überhäuften Nikita schaute.

Wohl zwanzigmal hatte sich Wassili Andrejitsch schon aufgerichtet und wieder hingelegt. Es schien ihm, daß diese Nacht überhaupt kein Ende nehmen wollte. Aber jetzt muß es bald Morgen werden, dachte er, als er sich wieder einmal erhob und Umschau hielt. Ich will mal nach der Uhr sehen. Mir wird zwar beim Öffnen des Pelzes kalt werden, aber wenn ich dann weiß, daß es schon auf den Morgen zugeht, wird mir dafür auch wohler zumute sein. Da können wir bald mit dem Anspannen anfangen ... Im Grunde seiner Seele wußte Wassili Andrejitsch, daß es noch gar nicht Morgen sein konnte, aber er wurde immer mehr von Verzagtheit ergriffen, täuschte sich selbst etwas vor und wollte sich zugleich doch auch vergewissern, wieviel Uhr es in Wirklichkeit war. Er löste sorgfältig die Haken an seinem Pelz, steckte die Hand hinein und nestelte inwendig lange herum, bis er zur Weste durchdrang. Endlich zog er dann seine mit emaillierten Blumen verzierte silberne Uhr hervor und warf einen Blick darauf. Ohne Licht war nichts zu sehen. Er legte sich wieder ebenso wie vorhin, als er sich seine Zigarette angezündet hatte, bäuchlings in den Schlitten, stützte sich auf die Ellenbogen, holte Streichhölzer hervor und schickte sich an, eins anzuzünden. Jetzt ging er mit mehr Überlegung zu Werke, indem er die Streichhölzer zuerst mit den Fingern befühlte und das mit dem dicksten Kopf herauszog, das denn auch gleich beim ersten Streich Feuer fing. Dann hielt er die Uhr dicht an die Flamme heran, blickte auf das Zifferblatt – und traute seinen Augen nicht: es war erst zehn Minuten nach zwölf! Die ganze Nacht stand noch bevor.

Ach, wie lang so eine Nacht ist! dachte Wassili Andrejitsch zusammenschaudernd; er hakte wieder seinen Pelz zu, hüllte sich ein und drückte sich aufs neue in die Schlittenecke, um dort geduldig auf den Morgen zu warten. Da hörte er plötzlich einen neuen, lebendigen Laut heraus. Dieser Laut schwoll langsam und schwächte sich, sobald er die größte Deutlichkeit erreicht hatte, ebenso langsam wieder ab. Es gab keinen Zweifel, das war das Heulen eines Wolfes. Und der Wolf konnte gar nicht sehr weit entfernt sein, weil man, vom Wind übertragen, deutlich hörte, wie seine Kinnladen knirschten, wenn er den Ton seiner Stimme änderte. Wassili Andrejitsch schlug den Kragen zurück und horchte gespannt. Muchorty spitzte die Ohren und horchte ebenso gespannt, trat dann, als der Wolf sein Klagelied beendet hatte, von einem Fuß auf den andern und stieß ein gleichsam warnendes Schnaufen aus. Hiernach war Wassili Andrejitsch so aufgeregt, daß er sich gar nicht wieder beruhigen und erst recht nicht einschlafen konnte. Sosehr er sich auch bemühte, an seine geschäftlichen Angelegenheiten, sein Ansehen, seine Würde und seinen Reichtum zu denken – er wurde in steigendem Maße von Angst übermannt, und in alle seine Gedanken mischte sich der Ärger darüber, daß er nicht zur Nacht in Grischkino geblieben war.

Zum Teufel mit ihm, dem ganzen Wald, ich mache gottlob auch genug andere Geschäfte! sagte sich Wassili Andrejitsch. Wie dumm, daß wir nicht im Dorf übernachtet haben! Es heißt ja, daß Angetrunkene leicht erfrieren – und ich habe doch getrunken … Bei diesen Gedanken merkte er, daß er zu zittern anfing, ohne selbst zu wissen, warum, ob vor Kälte oder vor Angst. Er mummte sich wieder ein und versuchte, so wie vorher stillzuliegen, doch brachte er das jetzt nicht mehr fertig. Es hielt ihn nicht an einer Stelle, er hatte das Bedürfnis, aufzustehen und etwas zu unternehmen, um die in ihm aufsteigende Angst zu unterdrücken, gegen die er, wie er selbst fühlte, machtlos war. Er holte abermals Zigaretten und Streichhölzer hervor, doch in der Schachtel waren nur noch drei Hölzchen zurückgeblieben, und von denen taugte keins. Alle drei brachen ab, ohne sich zu entzünden.

„Hol dich der Teufel, fort mit dir!“ fluchte Wassili Andrejitsch, ohne selbst zu wissen, über wen, und schleuderte die zerdrückte Zigarette in den Schnee. Er wollte auch die

Streichholzschachtel hinterherwerfen, hielt jedoch im letzten Augenblick inne und steckte sie in die Tasche. Seine Unruhe hatte jetzt einen solchen Grad erreicht, daß er sich unbedingt Bewegung machen mußte. Er stieg aus dem Schlitten, stellte sich mit dem Rücken gegen den Wind und schnallte den Gürtel unterhalb der Taille wieder enger zusammen.

Was soll ich hier herumliegen und auf den Tod warten! Ich setze mich aufs Pferd und reite los, ging es ihm plötzlich durch den Kopf. Beim Reiten wird das Pferd nicht scheu werden. Und dem da, dachte er mit einem Blick auf Nikita, macht es nichts weiter aus zu sterben. Was hat er schon vom Leben! Er hat nichts zu verlieren, wogegen ich gottlob genug habe, ein richtiges Leben zu führen!

Hierauf band er das Pferd ab, warf ihm die Zügel über den Kopf und wollte sich hinaufschwingen, doch seine beiden Pelze und die Stiefel waren so schwer, daß er zurückrutschte. Nun stellte er sich auf den Schlitten und versuchte von dort aus, auf das Pferd zu steigen; aber unter seinem Gewicht schwankte der Schlitten, und er glitt abermals ab. Endlich, bei einem dritten Versuch, führte er das Pferd dicht an den Schlitten heran, stellte sich vorsichtig auf den Rand des Schlittens und erreichte nun wenigstens so viel, daß er sich mit dem Bauch quer über den Rücken des Pferdes legen konnte. Nachdem er dann einmal und noch einmal etwas nach vorn gerückt war, schwang er das eine Bein über den Rücken des Pferdes, setzte sich aufrecht hin und stemmte die Füße gegen die Seitenriemen des Hintergeschirrs. Nikita, der durch den Stoß des schwankenden Schlittens wach geworden war, richtete sich auf, und Wassili Andrejitsch glaubte zu hören, daß er etwas sagte.

„Das hat man alles davon, wenn man auf euch dumme Tölpel hört! Soll ich hier für nichts und wieder nichts ums Leben kommen?“ rief Wassili Andrejitsch, steckte sich die auseinanderwehenden Enden des Pelzes unter die Knie, wendete das Pferd und ritt in die Richtung davon, in der sich seinen Mutmaßungen nach der Wald und das Wächterhäuschen befinden mußten.

VII

Seitdem sich Nikita hinter der Außenwand des Schlittens niedergelassen und mit der Matte zugedeckt hatte, war er dort die ganze Zeit regungslos sitzen geblieben. Wie alle Menschen, die mit der Natur verwachsen sind und die Not kennen, besaß er die Fähigkeit, in jeder Lage stunden-, ja sogar tagelang geduldig auszuharren, ohne Unruhe oder Ärger zu empfinden. Er hatte vorhin auch die Rufe seines Herrn gehört, hatte aber nicht geantwortet, weil er sich nicht rühren und nicht auf ein Gespräch einlassen wollte. Vorläufig war ihm zwar noch von dem getrunkenen Tee und dem anstrengenden Herumwirtschaften im Schnee warm, doch wußte er, daß diese Wärme nicht lange vorhalten und er nicht imstande sein würde, sich durch Bewegung neu zu erwärmen; er fühlte sich so erschöpft wie ein überanstrengtes Pferd, das stehenbleibt und durch noch so viele Peitschenhiebe nicht weiterzubringen ist, bis sein Herr erkennt, daß es erst gefüttert werden muß, um wieder arbeiten zu können. Sein Fuß in dem zerrissenen Stiefel war bereits ganz steif vor Kälte, und den großen Zeh fühlte er überhaupt nicht mehr. Außerdem begann er am ganzen Körper immer mehr zu frieren. Als ihm der Gedanke durch den Kopf ging, daß er in dieser Nacht vielleicht, ja sogar aller Wahrscheinlichkeit nach sterben müsse, flößte er ihm weder besonderes Unbehagen noch besonderen Schrecken ein. Besonderes Unbehagen flößte ihm der Gedanke deshalb nicht ein, weil sein ganzes Leben kein fortwährender Feiertag gewesen war, die Arbeit hatte nie aufgehört und ihn allmählich zu entkräften begonnen. Und als besonders schreckerregend empfand er diesen Gedanken deshalb nicht, weil er sich neben seinen irdischen Brotgebern, denen er, wie jetzt eben Wassili Andrejitsch, hier auf Erden diente, auch von jenem obersten Herrn abhängig fühlte, der ihn in dieses irdische Leben entsandt hatte; und er wußte, daß er auch in der Sterbestunde unter der Obhut dieses Herrn bleiben werde und von ihm keine Ungerechtigkeit zu befürchten brauchte. Und tat es ihm nicht leid, das gewohnte Leben und alles, womit man verwachsen ist, aufzugeben? Nun ja, dachte er, aber dagegen läßt sich nichts machen, man muß sich auch an das

Neue gewöhnen.

Und meine Sünden? überlegte er in Erinnerung an seine Zechereien und das dabei verjubelte Geld, an seine Grobheit und Gewalttätigkeiten gegen seine Frau; er dachte daran, daß er nicht in die Kirche gegangen war und nicht die Fasten eingehalten hatte, und ihm fiel alles ein, weswegen ihm der Pope bei der Beichte ins Gewissen geredet hatte ... Natürlich habe ich Sünden. Aber hab ich sie mir denn selbst ausgedacht? Gott hat mich doch wohl so erschaffen. Nun ja, die Sünden! Aber jetzt kann ich ja sowieso nirgends mehr hin.

Alles dies überlegte Nikita, als er daran dachte, was mit ihm in dieser Nacht geschehen könnte; er kehrte dann aber nicht mehr zu diesen Gedanken zurück, sondern gab sich den Erinnerungen hin, die von selbst in seinem Gedächtnis wach wurden. Bald erinnerte er sich an Marfas Buch, an die Saufereien der Knechte und wie er selbst sich geschworen hatte, nicht mehr zu trinken; bald dachte er an die jetzige Fahrt, an die Einkehr bei Taras und die Gespräche über eine Teilung, an seinen Sohn und an Muchorty, der sich jetzt unter der Matte erwärmen würde; bald wandte er seine Gedanken Wassili Andrejitsch zu, der im Schlitten so herumwirtschaftete, daß der ganze Schlitten knarrte ... Der Gute wird wohl auch selber nicht froh sein, daß er gefahren ist, dachte Nikita. Wenn man so ein Leben führt wie er, will man nicht sterben. Das ist was anderes als mit unsereinem ... Alle diese Gedanken gingen allmählich ineinander über, vermischten sich in seinem Kopf, und er schlief ein.

Als Wassili Andrejitsch dann das Pferd bestieg, der Schlitten dabei wankte und seine Außenwand, gegen die sich Nikita gelehnt hatte, von ihm fortrutschte, so daß Nikita mit dem Rücken auf die Kufen fiel, wachte er auf und mußte notgedrungen seine Lage ändern. Nachdem er seine Beine mühsam geradegebogen und den Schnee abgeschüttelt hatte, richtete er sich auf und spürte sofort, daß sein ganzer Körper von einer eisigen Kälte durchdrungen war. Und als ihm dann klar wurde, was Wassili Andrejitsch im Sinne führte, wollte er ihn bitten, ihm die für das Pferd nicht mehr benötigte Matte dazulassen, um sich mit ihr zuzudecken.

Aber Wassili Andrejitsch ließ sich nicht aufhalten und verschwand im Schleier des Schneegestöbers.

Allein geblieben, dachte Nikita ein paar Augenblicke nach, was er nun anfangen sollte. Auf der Suche nach einer menschlichen Behausung umherirren – dazu fühlte er sich zu entkräftet. Sich wieder auf seinen bisherigen Platz setzen konnte er nicht, weil der ganz mit Schnee überhäuft war. Und im Schlitten, das fühlte er, würde er nicht warm werden, weil er nichts hatte, womit er sich zudecken konnte, und sein Mantel und der Pelz ihn jetzt gar nicht mehr wärmten. Er fror so, als wenn er nichts angehabt hätte als ein Hemd. Ihm wurde unheimlich zumute. „Großer Gott, himmlischer Vater!“ murmelte er vor sich hin, und die Gewißheit, daß er nicht allein war, daß jemand ihn hörte und ihn nicht im Stich lassen werde, beruhigte ihn. Er stieß einen schweren Seufzer aus, stieg dann, ohne das Sacktuch vom Kopf zu nehmen, in den Schlitten und legte sich auf den früheren Platz seines Herrn nieder.

Doch auch im Schlitten konnte er auf keine Weise warm werden. Anfangs zitterte er am ganzen Körper, dann ließ der Schüttelfrost nach, und er verlor allmählich das Bewußtsein. Ob er starb oder nur einschlief, wußte er nicht, doch fühlte er sich gleichermaßen zu dem einen wie zu dem andern vorbereitet.

VIII

Mittlerweile bearbeitete Wassili Andrejitsch das Pferd mit den Beinen und den Enden der Zügel und trieb es in jene Richtung, in der er aus irgendeinem Grunde den Wald und das Wächterhäuschen vermutete. Der Schnee verklebte ihm die Augen, und der Wind stemmte sich ihm entgegen, aber er beugte sich tief nach vornüber, raffte immer wieder seinen Pelz zusammen, um ihn zwischen sich und das ihn beim Sitzen behindernde kalte Sattelzeug zu stecken, und trieb unablässig das Pferd an. Muchorty kam zwar nur mit großer Mühe vorwärts, trabte aber dennoch gehorsam dorthin, wohin er ihn lenkte.

Etwa fünf Minuten ritt Wassili Andrejitsch, wie er glaubte, immer geradeaus, ohne etwas anderes zu sehen, als den Kopf des Pferdes und die weiße Einöde, und ohne etwas anderes zu hören als den Wind, der um die Ohren des Pferdes und den Kragen seines Pelzes pfiff.

Plötzlich tauchte vor ihm in der Ferne etwas Schwarzes auf. Wassili Andrejitschs Herz schlug vor Freude höher, er ritt auf dieses Schwarze zu und glaubte schon, die Häuser eines Dorfes zu erkennen. Aber das Schwarze war nicht unbeweglich, es bewegte sich unaufhörlich und erwies sich statt eines Dorfes als ein Beifußgebüsch, das aus einem Rain gewachsen war, unter dem Schnee hervorragte und von dem heftigen Wind ständig nach der Seite gebogen wurde. Beim Anblick dieses vom Wind unbarmherzig mißhandelten Gebüschs zuckte Wassili Andrejitsch unwillkürlich zusammen und trieb das Pferd eiligst weiter, ohne dabei zu beachten, daß er, als er auf das Gebüsch hingeritten war, die frühere Richtung geändert hatte, so trieb er das Pferd jetzt in eine ganz andere Richtung, immer noch in der Meinung, daß er dorthin ritt, wo das Wächterhäuschen stehen mußte. Das Pferd machte mehrmals Anstalten, nach rechts abzubiegen, aber er zerrte es jedesmal auf die linke Seite zurück.

Nach einer Weile wurde vor ihm abermals etwas Schwarzes sichtbar. Er freute sich und war überzeugt, daß dies jetzt bestimmt ein Dorf sein müßte. Aber es war wieder ein mit Beifußgebüsch überwachsener Rain. Auch hier wurde das dürre Strauchwerk unbarmherzig vom Winde gepeitscht, was auf Wassili Andrejitsch merkwürdigerweise schreckerregend wirkte. Doch abgesehen davon, daß das dürre Strauchwerk so unheimlich raschelte, entdeckte er jetzt auch eine sich vor dem Gebüsch hinziehende, vom Winde schon etwas verwehte Pferdespur. Wassili Andrejitsch hielt das Pferd an, bückte sich und blickte genauer hin: Ja, es war eine leicht verwehte Spur von Pferdehufen und sie konnte von niemandem anders hinterlassen sein als von ihm selbst. Er war offensichtlich im Kreise herumgeritten, und zwar auf einem ganz engen Raum. So komme ich hier um! sagte er sich, und um sich nicht von der Angst übermannen zu lassen, schlug er noch heftiger auf das Pferd ein und blickte angespannt in die weiße Finsternis, in der er hin und wieder lichte Punkte zu bemerken glaubte, die jedoch bei genauerem Hinsehen immer gleich in nichts zergingen. Einmal meinte er, Hundegebell oder das Heulen von Wölfen zu hören; aber diese Laute waren so schwach und undeutlich, daß er im Zeifel war, ob er wirklich etwas hörte oder ob es ihm nur so schien, er hielt dann das Pferd an und lauschte gespannt.

Plötzlich ertönte unmittelbar neben ihm ein furchtbarer, Mark und Bein erschütternder Schrei, und unter seinem Körper begann alles zu zittern und zu beben. Wassili Andrejitsch klammerte sich am Hals des Pferdes fest, aber auch dieses bebte, und der furchtbare Schrei klang jetzt noch fürchterlicher. Im ersten Augenblick war Wassili Andrejitsch völlig fassungslos und konnte nicht begreifen, was geschehen war. Es war indes nichts weiter geschehen, als daß Muchorty, um sich zu ermutigen oder um jemanden zu Hilfe zu rufen, mit seiner schallenden Stimme in lautes Gewieher ausgebrochen war. „Pfui Teufel, wie mich das verdammte Biest erschreckt hat!" murmelte Wassili Andrejitsch vor sich hin. Doch auch als er den wahren Grund seiner Angst erfaßt hatte, war es ihm nicht mehr möglich, sie zu unterdrücken. Ich muß mich zusammennehmen, muß mit Überlegung handeln, sagte er sich; aber außerstande, sich zu beherrschen, trieb er das Pferd immer weiter und bemerkte dabei gar nicht, daß er nicht mehr gegen den Wind ritt, sondern ihn jetzt im Rücken hatte. Sein Körper, namentlich im Schritt, wo er nicht vom Pelz bedeckt war und mit dem Sattelzeug in Berührung kam, schmerzte ihn vor Kälte, seine Arme und Beine zitterten, und er atmete stoßweise. Er erkannte, daß er inmitten dieser furchtbaren weißen Schneewüste umkommen mußte, und sah keinen Ausweg zur Rettung.

Plötzlich sackte das Pferd unter ihm zusammen; es war in eine mit Schnee angefüllte Vertiefung geraten, versuchte, wieder herauszukommen, und fiel dabei auf eine Seite. Wassili Andrejitsch sprang ab, wobei das Sattelgeschirr, auf das er den Fuß gestützt hatte, zur Seite rutschte und der Riemen sich loslöste, an dem er sich beim Abspringen festhielt. Nachdem Wassili Andrejitsch vom Pferd gesprungen war, arbeitete sich dieses schnell aus dem Schnee heraus, machte ein paar Sätze nach vorn, wieherte wieder und verschwand, das herunterhängende Sattelzeug und Sacktuch hinter sich herziehend, in der Ferne und ließ Wassili Andrejitsch mitten im Schnee allein. Er wollte dem Pferd nachlaufen, doch der Schnee lag so hoch und seine zwei Pelze waren so schwer, daß er bis an die Knie im Schnee versank und nach kaum zwanzig Schritten außer Atem kam und stehenblieb. Der Wald, die Ochsen, die gepachteten Güter, der Laden, die beiden Schenken, das Haus und der Speicher mit ihren Eisendächern, sein „Kronprinz" – was soll ohne mich aus alldem werden? ging es ihm durch den Kopf. Soll das alles hin sein? Das ist doch nicht möglich! Bei diesen Gedanken erinnerte er sich des vom Winde hin und her gezausten Beifußgebüschs, an dem er zweimal vorbeigeritten war, und er wurde von solchem Grauen ergriffen, daß er nicht an die Wirklichkeit seiner jetzigen Lage glauben wollte. Ob ich das alles womöglich nur träume? dachte er und versuchte aufzuwachen. Aber es war kein Traum, es war wirklicher Schnee, der ihm das Gesicht peitschte und auf ihm liegenblieb, seine rechte Hand, deren Handschuh er verloren hatte, war wirklich steif vor Kälte, und es war eine wirkliche Einöde, in der er jetzt ebenso wie jenes Beifußgebüsch mutterseelenallein zurückgeblieben war und einem unabwendbaren baldigen und sinnlosen Tode entgegensah.

Himmlische Königin, heiliger Nikolaus, Lehrer der Enthaltsamkeit ..., wiederholte Wassili Andrejitsch in Gedanken die Gebete beim gestrigen Gottesdienst; er erinnerte sich des Heiligenbildes mit dem schwarzen Antlitz und dem goldenen Ornat sowie der Kerzen, die er zum Aufstellen vor dieses Heiligenbild verkaufte und die man ihm, kaum daß sie ein wenig abgebrannt waren, wieder zurückbrachte, und die von ihm dann in einem Kasten verwahrt wurden. Und jetzt betete er zu ebendiesem wundertätigen Nikolaus, daß er ihn retten möge, und versprach ihm dafür einen Dankgottesdienst und Kerzen. Doch gleich darauf wurde ihm klar, daß dieses Antlitz, der goldene Ornat, die Kerzen, der Priester, die Bittgebete – daß alles dies wohl in der Kirche sehr wichtig und nötig war, ihm hier aber nicht helfen konnte und daß zwischen diesen Kerzen und Bittgebeten und seiner gegenwärtigen unheilvollen Lage kein Zusammenhang bestand und auch nicht bestehen konnte. Ich darf nicht den Mut verlieren, dachte er. Ich muß den Spuren des Pferdes folgen, bevor sie womöglich ganz verweht werden. Die werden mich von hier herausführen, sagte er sich, und vielleicht kann ich dann auch das Pferd selbst wieder einfangen. Nur darf ich mich nicht übereilen, damit ich nicht vor Erschöpfung zusammenbreche und dann ganz gewiß erfriere. Aber trotz seiner Absicht, langsam zu gehen, eilte er ungestüm weiter, fiel dabei alle Augenblicke hin, stand auf und fiel abermals hin. An Stellen, die nur mit einer dünnen Schneeschicht bedeckt waren, ließen sich die Spuren des Pferdes kaum noch erkennen. Ich bin verloren, dachte Wassili Andrejitsch, denn wenn ich die Spuren verliere, kann ich das Pferd nicht einholen … Doch im selben Augenblick nahm er, als er nach vorne blickte, etwas Schwarzes wahr. Es war Muchorty, und nicht nur Muchorty allein, sondern auch der Schlitten mit den aufgerichteten Deichselstangen und dem an ihnen befestigten Tuch. Muchorty, an dessen einer Seite das abgerutschte Sattelgeschirr und die Sacktuchdecke herabhingen, stand jetzt nicht an der früheren Stelle, sondern näher zu den Deichselstangen und schüttelte den Kopf, der von den Zügeln, auf die er getreten war, nach unten gezogen wurde. Es stellte sich heraus, daß Wassili Andrejitsch in dieselbe Vertiefung eingebrochen war, in der er und Nikita schon vorher steckengeblieben waren, daß Muchorty ihn zum Schlitten zurückgeführt hatte und daß er von ihm nicht weiter als fünfzig Schritt vom Standort des Schlittens abgesprungen war.

IX

Nachdem sich Wassili Andrejitsch mühsam bis zum Schlitten hingeschleppt hatte, stützte er sich auf ihn und blieb dort, bemüht, sich zu beruhigen und zu verschnaufen, lange unbeweglich stehen. Nikita befand sich nicht mehr auf seinem früheren Platz, aber im Schlitten lag eine mit Schnee überhäufte Masse, und Wassili Andrejitsch erriet, daß es Nikita war. Wassili Andrejitschs Angst hatte sich inzwischen vollständig gelegt, und in Schrecken versetzte ihn nur noch der Gedanke an den grauenvollen Angstzustand, in dem er sich beim Ritt durch die Schneewüste und besonders nachher befunden hatte, als er allein inmitten der Schneemassen zurückgeblieben war. Von dem Gedanken an jenen Zustand durfte er sich nicht übermannen lassen, und um das zu verhindern, mußte er irgend etwas tun, sich irgendwie beschäftigen. Das erste, was er tat, bestand darin, daß er sich mit dem Rücken gegen den Wind stellte und seinen Pelz zurückschlug. Anschließend, nachdem er sich etwas verschnauft hatte, schüttelte er den Schnee aus den Stiefeln und aus dem linken Handschuh – der rechte war unwiederbringlich verloren und lag jetzt wahrscheinlich irgendwo einen halben Arschin tief unter Schnee –, zog den Gürtel wieder eng unter der Taille zusammen, wie er es gewöhnlich tat, wenn er aus dem Laden trat, um von den Bauern das in Fuhren herangeschaffte Getreide zu kaufen, und schickte sich an, sich zu betätigen. Vor allem machte er sich daran, den Fuß des Pferdes zu befreien, und nachdem er dies vollbracht und die Leine hervorgezogen hatte, band er Muchorty wieder an der früheren Stelle am vorderen Bügel des Schlittens an. Hierauf ging er um das Pferd herum, um auf ihm das Hintergeschirr, die Sattelriemen und die Decke zurechtzurücken; doch in diesem Augenblick sah er, daß sich im Schlitten etwas bewegte und daß sich aus dem Schnee, mit dem er überhäuft war, Nikitas Kopf erhob. Nikita, der schon ganz steif gefroren war, richtete sich offensichtlich unter großer Anstrengung auf, setzte sich hin und machte mit der Hand merkwürdige Bewegungen vor seinem Gesicht, als verscheuche er Fliegen. Zugleich sagte er etwas, und Wassili Andrejitsch glaubte herauszuhören, daß er ihn sprechen wollte. Er ließ die Decke liegen, wie sie lag, und trat an den Schlitten heran.

„Nun, was ist? Was sagst du?“ fragte er Nikita.

„Ich, ich ster-be“, stammelte Nikita. „Was ich noch Lohn zu bekommen hab, gib meinem Sohn oder meiner Frau, das ist egal!“

„Bist du denn ganz erfroren?“ fragte Wassili Andrejitsch.

„Ich fühle, daß mein Tod kommt … Verzeih mir um Christi willen …“, sagte Nikita mit kläglicher Stimme und machte vor seinem Gesicht noch immer dieselben Handbewegungen, als wolle er Fliegen verscheuchen.

Nachdem Wassili Andrejitsch einige Augenblicke still

und regungslos am Schlitten verweilt hatte, trat er plötzlich mit der gleichen Entschlossenheit, mit der er gewöhnlich einen vorteilhaften Kauf durch Handschlag bekräftigte, einen Schritt zurück, stülpte die Ärmel seines Pelzes auf und begann mit beiden Händen den auf Nikita und im Schlitten liegenden Schnee hinauszuschütten. Als er damit fertig war, löste er hastig seinen Gürtel, schlug den Pelz weit auf und legte sich, Nikita einen Stoß versetzend, über ihn, so daß er ihn nicht nur mit dem Pelz, sondern auch mit seinem ganzen warmen, erhitzten Körper bedeckte. Er steckte die Seiten des Pelzes zwischen Nikita und den Schlittenrand und hielt den Saum mit den Knien fest und hörte nun, wie er so bäuchlings und mit dem Kopf bis an die vordere Schlittenwand reichend dalag, weder die Bewegungen des Pferdes noch das Pfeifen des Windes, sondern horchte nur auf Nikitas Atemzüge. Anfangs lag Nikita eine längere Weile regungslos, doch dann stieß er einen lauten Seufzer aus und rührte sich.

„Nun siehst du, und da redest du vom Tod", sagte Wassili Andrejitsch. „Liege ruhig, erwärme dich, so machen wir es ..."

Er brach den Satz ab und konnte zu seiner größten Verwunderung nicht weitersprechen, weil ihm Tränen in die Augen traten und sein Unterkiefer heftig zu zucken begann. Er sagte nichts mehr und schluckte nur die ihm in die Kehle steigenden Tränen. Ich bin ganz verängstigt und schwach geworden, sagte er sich in Gedanken. Aber diese Schwäche stimmte ihn nicht traurig, sondern bereitete ihm eine ganz eigenartige, bisher noch nie empfundene Freude.

„Ja, so machen wir es", murmelte er vor sich hin und war dabei von einer besonderen, feierlichen Rührung bewegt. Dann lag er eine ganze Weile schweigend da, trocknete sich die Augen am Fell des Pelzes und haschte mit dem Knie nach dem vom Wind immer wieder weggerissenen rechten Pelzzipfel. Aber er empfand ein unwiderstehliches Bedürfnis, mit jemandem über seine frohe Gemütsstimmung zu sprechen.

„Nikita!" rief er.

„So ist's gut, schön warm", ertönte es unter ihm zur Antwort.

„Ja, Lieber, beinah wär ich umgekommen. Und auch du wärst erfroren, und ich ..."

Doch hier begannen seine Kinnbacken wieder zu zucken, seine Augen füllten sich aufs neue mit Tränen, und er war unfähig weiterzusprechen.

Nun, das macht nichts, dachte er, was ich weiß, weiß ich auch so.

Von unten erwärmte ihn Nikita und von oben sein Pelz. Nur seine Hände, mit denen er zu beiden Seiten Nikitas die Pelzschöße festhielt, und seine Füße, von denen der Wind ständig den Pelz zurückschlug, begannen zu frieren. Besonders fror seine rechte Hand ohne Handschuh. Aber er achtete nicht auf seine Hände und Füße, sondern war ausschließlich darauf bedacht, den unter ihm liegenden Knecht aufzuwärmen.

Einigemal blickte er zum Pferd hinüber und sah, daß dessen Rücken unbedeckt war und daß das Sacktuch und Hintergeschirr im Schnee lagen. Er hätte aufstehen und das Pferd zudecken müssen, aber er konnte sich nicht entschließen, Nikita auch nur für ein paar Augenblicke allein zu lassen und die freudige Stimmung zu zerstören, in der er sich befand. Angst empfand er jetzt überhaupt nicht mehr.

So wird er schon wieder aufleben, sagte sich Wassili Andrejitsch mit der gleichen Selbstzufriedenheit, mit der er sonst von seinen Käufen und Verkäufen sprach.

So blieb er eine Stunde, eine zweite und eine dritte liegen und merkte gar nicht, wie die Zeit verstrich. Anfangs beschäftigten sich seine Gedanken mit den Eindrücken vom Schneesturm, mit dem unter dem Krummholz stehenden Pferde, mit den vor seinen Augen hin und her schwankenden Deichselstangen, und er dachte dabei an Nikita, der unter ihm lag.

Dann mischten sich in diese Vorstellungen Erinnerungen an den Feiertag, an seine Frau und den Landpolizeichef, an den Kerzenkasten und an Nikita, der nunmehr unter diesem Kasten lag. Hierauf sah er in seiner Phantasie Bauern, die verkauften und einkauften, weiße Wände und mit Eisenplatten überdachte Häuser, unter denen wiederum Nikita lag. Dann vermengten sich alle diese Vorstellungen, eine ging in die andere über, und ebenso wie die Farben eines Regenbogens sich zu einem einzigen weißen Licht verschmelzen, verflüchtigen sich alle seine Phantasiebilder in nichts, und er schlief ein. Eine ganze Weile schlief er traumlos, doch vor dem Morgengrauen begann er wieder zu träumen. Er träumte, daß er vor dem Kerzenkasten stand und Tichons Frau ihn zum Feiertag um eine Fünfkopekenkerze bat; aber als er die Kerze aus dem Kasten nehmen und sie ihr geben wollte, konnte er seine Hände, die zusammengeballt in den Taschen steckten, nicht heben. Er wollte um den Kasten herumgehen, doch die Füße gehorchten ihm nicht, seine blank geputzten neuen Gummischuhe waren am Steinfußboden angewachsen, sie ließen sich nicht losreißen, und die Füße aus ihnen herauszuziehen war auch nicht möglich. Dann verwandelte sich der Kerzenkasten plötzlich in ein Bett und Wassili Andrejitsch sah sich selbst bäuchlings auf dem Kerzenkasten, das heißt zu Hause, in seinem Bett liegen. Er lag im Bett und konnte nicht aufstehen, was aber dringend nötig war, weil gleich der Polizeichef Iwan Matwejitsch kommen und ihn abholen würde und er dann mit ihm mitgehen mußte, entweder um den Wald zu kaufen oder um auf Muchorty das Hintergeschirr zurechtzurücken. Er fragte seine Frau: „Ist er noch nicht da, Nikolajewna?“ – „Nein, er ist noch nicht gekommen“, antwortete sie. Dann hörte er vor dem Hause Rädergerassel. Das muß er sein! Nein, der Wagen fuhr vorüber. „Nikolajewna, höre, Nikolajewna, ist er denn noch immer nicht gekommen?“ – „Nein, noch nicht.“ So lag er im Bett, konnte nicht aufstehen und wartete und wartete, und bei diesem Warten war ihm zugleich bange und freudig zumute. Und dann geschah das Beglückende: Der von ihm Erwartete kam, war aber gar nicht der Polizeichef Iwan Matwejitsch, sondern ein anderer – eben der, auf den er wartete. Er kam und rief ihn, und er war es auch, der ihn zu Nikita gerufen und ihm geboten hatte, sich über ihn zu legen. Wassili Andrejitsch freute sich, daß dieser andere gekommen war, um ihn abzuholen. „Ich komme!“ schrie er voller Freude und wachte dabei auf. Aber er war jetzt, als er erwachte, ein vollständig umgewandelter Mensch. Er wollte aufstehen – er konnte es nicht; er wollte die Hand heben – es gelang ihm nicht, und ebensowenig ließ sich der Fuß bewegen. Er versuchte, den Kopf umzuwenden – auch das war ihm unmöglich. Das verwunderte ihn, stimmte ihn jedoch nicht im geringsten traurig. Er begriff, daß der Tod zu ihm gekommen war, und nahm das ohne jegliche Trauer auf. Dann erinnerte er sich Nikitas, der unter ihm lag, sich erwärmt hatte und lebte – und es schien ihm, daß er selbst Nikita und Nikita er sei; es war ihm, als hätte sich sein eigenes Leben aus ihm auf Nikita übertragen. Er spannte sein Gehör an und hörte die Atemzüge, ja sogar ein leises Schnarchen Nikitas. Nikita lebt, also lebe auch ich, sagte sich Wassili Andrejitsch triumphierend.

Und als er nun an sein Geld, seinen Laden, sein Haus, seine Käufe und Verkäufe und die Millionen Mironows dachte, konnte er gar nicht begreifen, daß dieser unter dem Namen Wassili Brechunow bekannte Mensch sich mit all diesen Dingen beschäftigt und ihnen so große Bedeutung beigemessen hatte. Nun ja, er hat nicht gewußt, was wirklich wichtig ist, sagte er sich in Gedanken an jenen Wassili Brechunow. Er hat nicht gewußt, was ich jetzt weiß. Jetzt weiß ich es mit voller Gewißheit. Ja, jetzt weiß ich es. Und er hörte wieder den Ruf dessen, der ihn schon vorhin gerufen hatte. Ich komme, ich komme! antwortete beglückt seine ganze in Rührung aufgelöste Seele. Er fühlte, daß er frei war und daß ihn nichts mehr zurückhielt.

Und fortan hat Wassili Andrejitsch hier auf Erden nichts mehr gesehen, nichts gehört und nichts gefühlt.

Ringsum tobte immer noch der Sturm. Noch immer wirbelte er Schneewolken auf und überschüttete mit ihnen den Pelz des toten Wassili Andrejitsch, den am ganzen Körper zitternden Muchorty und den kaum noch sichtbaren Schlitten, auf dessen Boden Nikita lag und unter seinem über ihm liegenden, nun schon toten Herrn allmählich warm wurde.

X

Vor dem Morgengrauen wachte Nikita auf. Wach wurde er, weil er am Rücken wieder zu frieren begann. Er hatte geträumt, daß er für seinen Herrn aus der Mühle eine Fuhre Mehl geholt hat, dann unterwegs beim Überqueren eines kleinen Flusses die Brücke verfehlte und mit der Fuhre stekkenblieb. Er kroch unter die Fuhre, so träumte er, und stemmte sich mit dem Rücken gegen sie, um sie anzuheben. Aber sonderbar: die Fuhre ließ sich nicht bewegen, sie war an seinem Rücken angeklebt, so daß er sie weder anheben noch unter ihr hervorkriechen konnte. Sein ganzes Kreuz schmerzte. Und wie kalt war die Fuhre! Er mußte sich unbedingt von ihr befreien. Hör auf! rief er im Traum demjenigen zu, der seiner Meinung nach die Fuhre gegen seinen Rücken drückte. Nimm die Säcke herunter! Aber die Fuhre drückte ihn immer stärker und wurde immer kälter, bis er plötzlich mehrere Stöße verspürte, dabei aufwachte und sich auf die Wirklichkeit besann. Die kalte Fuhre, das war sein erfrorener toter Herr, der auf ihm lag. Und die Stöße kamen daher, daß Muchorty mit den Hufen mehrmals gegen die Schlittenwand geschlagen hatte.

„Andrejitsch, hör doch, Andrejitsch!" rief Nikita, der den wahren Sachverhalt bereits ahnte, leise seinen Herrn und versuchte, sich vorsichtig aufzurichten.

Allein, Wassili Andrejitsch gab keine Antwort, und sein Bauch und die kräftigen Beine lasteten kalt und wuchtig wie schwere Gewichte auf Nikita.

„Er wird wohl schon tot sein. Gott habe ihn selig!" murmelte Nikita.

Er drehte den Kopf hin und her, streifte mit der Hand den Schnee von sich ab und schlug die Augen auf. Es war jetzt hell, aber der Wind fuhr nach wie vor pfeifend durch die Deichselstangen, und es schneite immer noch, nur mit dem Unterschied, daß der Schnee jetzt nicht gegen die Schlittenwand peitschte, sondern sich lautlos immer höher über dem Schlitten und dem Pferd aufschichtete und weder Bewegungen des Pferdes noch seine Atemzüge zu hören waren. Sicherlich ist auch er erfroren, sagte sich Nikita in Gedanken an Muchorty. In der Tat waren die Hufschläge gegen den Schlitten, die Nikita geweckt hatten, die letzte Kraftanstrengung des vor Kälte schon völlig erstarrten Pferdes gewesen, sich auf den Beinen zu halten.

„Gott, du mein Herr, jetzt rufst du wohl auch mich", murmelte Nikita vor sich hin. „Dein Wille ist geheiligt. Aber mir ist bange. Nun ja, sterben muß jeder einmal, und um dies eine Mal kommt keiner herum. Wenn es bloß schneller gehen möchte ..." Dann steckte er seine Hand wieder zurück, schloß die Augen und ergab sich seinem Schicksal, fest überzeugt, daß er jetzt ganz bestimmt und endgültig sterben werde.

Schon um die Mittagszeit des nächsten Tages wurden Wassili Andrejitsch und Nikita – etwa dreißig Sashen von der Landstraße und eine halbe Werst vom Dorf entfernt – von Bauern aus dem Schnee ausgegraben.

Der Schnee lag so hoch über dem Schlitten, daß nur noch die Deichselstangen und das an ihnen befestigte Tuch herausragten. Muchorty, über und über weiß, stand mit dem von seinem Rücken abgeglittenen Hintergeschirr und Sacktuch bis an den Bauch im Schnee und hatte den leblosen Kopf gegen den knöchernen Adamsapfel gepreßt; an seinen Nüstern hingen Eiszapfen, und die Augen, mit Reif bedeckt und gleichfalls vereist, sahen aus, als seien in ihnen Tränen erfroren. In dieser einen Nacht war er derart abgemagert, daß er nur noch aus Haut und Knochen zu bestehen schien. Wassili Andrejitsch, steif wie ein Stück gefrorenes Schlachtvieh, wurde in derselben Haltung, wie er sich mit gespreizten Beinen auf Nikita gelegt hatte, auch wieder von ihm heruntergehoben. Seine vorstehenden Habichtsaugen waren vollständig vereist, und der Mund war voller Schnee. Nikita war zwar auch völlig vereist, jedoch am Leben. Nachdem man ihn geweckt hatte, war er zunächst überzeugt, daß er schon gestorben sei und daß sich alles, was jetzt mit ihm geschah, nicht mehr in dieser Welt, sondern bereits im Jenseits zutrug; er wunderte sich nur, als er das Geschrei der Bauern hörte, die ihn ausgruben und den erstarrten Wassili Andrejitsch von ihm herunternahmen, daß die Bauern auch in jener anderen Welt ebenso schrien und ebensolche Körper hatten wie hier auf Erden. Und als er dann begriff, daß er sich immer noch hier in der irdischen Welt befand, war er hierüber eher betrübt als erfreut, besonders als er fühlte, daß seine Zehen an beiden Füßen erfroren waren.

Zwei Monate brachte Nikita im Krankenhaus zu. Drei Zehen wurden ihm amputiert, aber die übrigen verheilten, so daß er weiterhin arbeiten konnte und dann noch zwanzig Jahre lebte – zuerst als Arbeiter in Diensten war und nachher, bei vorgeschrittenem Alter, als Wächter. Gestorben ist er erst in diesem Jahr, wie es sein Wunsch gewesen ist, bei sich zu Hause unter den Heiligenbildern und mit einer brennenden Wachskerze in Händen. In der Sterbestunde bat er seine Frau um Verzeihung und verzieh ihr seinerseits das Zusammenleben mit dem Böttcher; dann verabschiedete er sich von seinem Sohn sowie den Enkelkindern und starb von echter Freude darüber erfüllt, daß er durch seinen Tod Sohn und Schwiegertochter von der Bürde eines überflüssigen Kostgängers befreite und selbst nun aus dem ihm schon zur Last gewordenen irdischen Leben endgültig in jedes andere Leben eingehen würde, das für ihn mit jedem Jahr, mit jeder Stunde verständlicher und verlockender geworden war. Ob er es dort, wo er nach dem Tode wiedererwachte, besser oder schlechter hat, ob er enttäuscht wurde oder dort das vorfand, was er erwartet hatte – das werden wir bald alle erfahren.

Wort- und Sacherklärungen

arschindick – Arschin: altrussisches Längenmaß (1 A. = 71,1 cm)
Blindage – (frz.) gedeckter Teil von Feldschanzen
Chochol – (russ.) „Haarschopf“, Spottname für die Ukrainer
Elevationswinkel – Erhöhungswinkel eines Geschützrohres
Freimaurerloge – Freimaurerei: kosmopolitische bürgerliche Bewegung; ihre Mitglieder (nur Männer) sind in Logen organisiert
Getreidedarre – Vorrichtung zum Trocknen von Getreide
Gortschakow, Michail Dmitrijewitsch – (1793–1861), russischer Oberbefehlshaber auf der Krim
Kantonist – nach dem Kantonsystem ausgehobener Wehrpflichtiger; Kanton: Aushebungsbezirk
Kubiksashen – *Sashen:* altrussisches Klaftermaß (1 S. = 213,36 cm), K. ist das dazugehörige Raummaß
Kommissionär – jemand, der gewerbsmäßig in eigenem Namen Waren für die Rechnung anderer ein- und verkauft
„Lucia“ – „Lucia di Lammermoor“: Oper des ital. Komponisten Gaëtano Donizetti (1797–1848)
Muchorty – (russ.) der Braune mit den gelben Flecken
Pélissier, Aimable Jean Jacques – (1794–1864), Kommandant der französischen Belagerungsarmee vor Sewastopol
Peter I. – (1672–1725), russischer Zar (1682–1725)
Préférence – (frz.) ein Kartenspiel
Redoute – (frz.) Schanze bei der Feldbefestigung
Remontepreis – offizieller Beschaffungspreis für neue Militärpferde
Scharpie – als Verbandstoff benutzte zerzupfte Leinwand
va banque spielen – alles auf eine Karte setzen
Zeltergang – andressierter Paßgang bei Pferden, auf denen oft Frauen reiten